DUBLIN UNIVERSITY PRESS SERIES.

ΠΛΑΤΩΝΟΣ ΠΑΡΜΕΝΙΔΗΣ.

THE

PARMENIDES OF PLATO,

WITH

INTRODUCTION, ANALYSIS, AND NOTES,

BY

THOMAS MAGUIRE,

LL.D., D.LIT.,

FELLOW AND TUTOR, TRINITY COLLEGE, DUBLIN.

DUBLIN: HODGES, FIGGIS, & CO., GRAFTON-STREET.
LONDON: LONGMANS, GREEN, & CO., PATERNOSTER-ROW.
1882.

THE following edition is intended chiefly for the Metaphysician. That reading, accordingly, has always been preferred which makes the argument more plain.

I am indebted to PROFESSOR DAVIES, of the Queen's College, Galway, for his careful revision of the proofs.

TRINITY COLLEGE,
January, 1882.

INTRODUCTION.

EXISTENCE is an aspect of thought. All existence is thought — thought either actual or possible. That is to say, every mode of existence, when grasped by cognition, would be found to be a mode of thought. Such is the position of the Idealist.

2. The Idealist thinks his case made out, because all such notions as Matter and Things in themselves, when examined, prove to be figments— figments made up of elements so incompatible, that to affirm the one is to deny the other. So Berkeley disposes of Matter, by the bare statement that what is inactive is not causal, and *vice versa*. The Idealist rejects a monster whose sole function is to fill a gap, where there is no gap.

3. The rejection of a zero, made up of incompatibilities which cancel one another, has nothing to do with the position of Plato and Hegel, that Existence, when analysed, yields opposite moments. This brings us to the question—What is Philosophy ?

4. Philosophy makes explicit to thought what is implicitly contained in thought. Berkeley showed that Sensible Qualities are modes of consciousness. Kant showed that consciousness contained a Necessary and Universal element, meaning by *necessary* what is construed to thought as not possibly otherwise than it is; and by *universal* what is thought as exceptionless. These characteristics, Necessity and Universality, Hegel extended to the object, and so to the universe. Philosophy is thus the explicitness of universal thought.

5. The other day, G. H. Lewes, while showing that Physiology could not supersede Psychology, pointed out that while Force could be translated into Feeling, Feeling could not be expressed in Force. Thus the most advanced Empiricism is idealistic.

6. It may be said that Science will in time express Feeling in terms of Force—that it will translate Psychosis into Neurosis. Granted: it is nothing to the point: Neurosis is the antecedent, and so can never be the consequent. Psychosis—thought—will keep its coin of vantage.

7. According to the Idealist, thought is the only object of thought—thought is the sole instrument of thought; and the product of thought is thought.

8. The instrument of thought is thought only;

that is to say, we analyse a synthesis and recon-
struct a synthesis out of our analysis. We do
nothing more; yet this process condemns as im-
possible the prevalent opinion that Psychology is
Philosophy.

9. In the *Timaeus*, the Demiurge mixes various
ingredients in a bowl. Everyone sees that this is
Allegory. But when a Psychologist talks of the
interaction of Subject and Object—of the action
of the Object on the Subject, he is unconsciously
allegorical.

10. The older hypothesis was that of Impulse,
e.g. Locke's. Yet impulse implies weight, and
weight, or gravity, is the result of the whole uni-
verse, and, so, cannot account for it. A billiard
player may assume that the weight is in the ball;
but a thinker ought to see that weight, or any
property of a part, must be the result of the whole,
and, so, cannot be prior to it. So of Force: it is
another word for Movement, and cannot, therefore,
originate.

11. So of Chemical Action: chemical action is
only possible, because it is the result of certain
conditions, and, therefore, cannot cause them. It
is easy to say, let Oxygen represent the Subject,
Hydrogen the Object, and Water—the result—
Consciousness. But the chemist can retranslate:
and the weight of the new product is that of the

old elements. Dewar has shown that old elements will form that new substance which is attended by the greatest evolution of heat. On the other hand, in the mental product the old constituents survive, and so the analogy breaks down on every point.

12. So, Psychology starts with a Subject and an Object; and by bringing the two into combination, and by feigning some reciprocal action—either mechanical or chemical—generates the Universe of Consciousness. As before, Subject and Object are results of consciousness at a certain stage, and, therefore, cannot generate it.

13. Des Cartes assumes an Ego, isolated from the rest of the Universe. It is obvious that the Ego is in contrast to the non-Ego; to evolve the non-Ego from the Ego is to offer a proof of that which the proof pre-supposes, and without which the proof would be unmeaning.

14. Locke's Essay is of value as a reply to the Psychology of Des Cartes. As a piece of philosophy, it assumes that there is a Mind on one side, and a set of Things on the other. It is mere Psychology.

15. Natural Realism is not Philosophy. Natural Realism tells us "that along with the presentation of the Object there is always a simultaneous presentation of the Subject, the two being mutually

related to each other."* True; but this postulates Subject and Object: that is, a Universe, and that Universe cut in two. It is mere Psychology.

16. Atomic theories cannot be Philosophy: they assume Space and Quantity; that is, from an aspect of the Universe they explain the whole.

17. Molecular theories cannot be Philosophy. To the assumptions of Atomism they add the assumption of Quality, and of Difference of Quality. Quality, like quantity and space, must be a result of the Universe. Clerk Maxwell considers that the family likeness of the molecules is an argument that they are not original.

18. Sir John Lubbock has calculated, on the authority of Loschmidt, Stoney, and Sir W. Thomson, that the molecules of gases are not more than the fifty-millionth part of an inch in diameter. It is obvious that any one of these molecules involves the whole problem of Natural Realism, aud of the relation of Psychology to Philosophy. Sorby is of opinion that in a length of 1-80,000 of an inch there would probably be from 500 to 2000 molecules— 500, for instance, in albumen, and 2000 in water. The nameless fraction of an inch presents us with space and its contents as surely as the field of the

* Monck's *Hamilton*, p. 83, *n.*

seventy-five millions of worlds, of one of which our earth is but a fraction.

19. Movement in the line of Least Resistance assumes Space, and a System of Pressures. Granting that Space and Motion are Metaphysical Ultima, Philosophy asks why Space and Motion are found in combination. How did the Atom acquire its tenure of Space, and why did Space tolerate the intrusion?

20. Evolution is not Philosophy. If a thing is evolved from within, the process is more than the mere accretion with which the doctrine starts. If the thing gathers material from without, like a rolling snowball, then the process belongs to Mechanics or to Chemistry.

21. "Life," as Virchow expresses it, "is the sum of the joint action of all parts, of the higher or vital ones as of the lower or inferior. There is no one seat of life, but every truly elementary part, especially every cell, is a seat of life." Granting that this statement gives us the results of Physiology, the philosopher must ask, "What brings 'the parts' into juxtaposition? Is it merely a case of juxtaposition, or how otherwise? What is *a part*? What is *higher*? What is *lower*? What is *joint action*?" Socrates would not have had much trouble with a man who described Life as the action of vital parts.

22. Huxley enunciates the hypothesis of Evolution thus:—" The successive species of animals and plants have arisen, the later by the gradual modification of the earlier." As before, if the modification be from within, the fact explodes the theory : if from without, modification is accretion.

23. Sir John Lubbock tells us that " an astonishing variety of most beautiful contrivances have been observed and described by many botanists, especially Hooker, Axel, Delpino, Hildebrand, Bennett, Fritz Müller, and above all Herman Müller and Darwin himself. The general result is, that to insects, and especially to bees, we owe the beauty of our gardens, the sweetness of our fields. To their beneficent, though unconscious action, flowers owe their scent and colour, their honey—nay, in many cases, their form. Their present shape and varied arrangements, their brilliant colours, their honey, and their sweet scent are all due to the selection exercised by insects. In these cases the relation between plants and insects is one of mutual advantage." A Platonist might put it thus: " Insects select flowers by selection." That is, the idea dominates the process, not *vice versa*. At all events, the process implies prior capacity, and therefore reserves for discussion What is Capacity, What is Relation. That is, Physical Science, as always, owes its existence to notions which its professors discard.

24. Professor Huxley, in referring to the nervous system as "that which co-ordinates and regulates Physiological units into an organic whole," uses more metaphysical terms than Virchow. That is, both use terms borrowed from thought to explain that which, according to them, is the explanation of thought. Neurosis is explained by Psychosis, while Neurosis is the only scientific explanation of Psychosis.

25. Spontaneous generation throws no light on Philosophy. Waiving the decisive objection that it would describe a process which takes place in Time, what does the doctrine amount to, if established? That a mixture of turnip-juice and cheese is, under certain conditions, an antecedent to life. The doctrine is invested with importance by the ignorant, who persist in obtruding on Science the notion Cause, which Science affects to discard.

26. The Scientist, to set aside Metaphysics, reduces Causation to Sequence. If Causation be Sequence only, Thought is not caused by Neurosis. But, in order to degrade Thought, he invests Neurosis with causal power, so that the destruction of Neurosis involves the destruction of Thought. Thought is the Whole of which Causation and Sequence in time are parts—very small parts, indeed.

27. Professor Williamson, in his opening address, gives a sketch of the theories which guided Chemis-

try fifty years ago, and of the changes wrought in them by fifty years' work. Chemical explanation has got rid of predisposing affinities. "Our present explanation" (of a certain phenomenon) "is a simple statement of the fact that under the conditions described, zinc displaces hydrogen from its sulphate." The statement is anything but simple, as it amounts to this:—zinc—one set of relations—displaces hydrogen—a second set of relations—from its sulphate—a third set of relations. A Hegelian would not ask for a more idealistic position than Professor Williamson's simple statement of the fact.

28. Physical Science is not Philosophy, for it requires antecedence and consequence only as an explicit basis. As an *explicit* basis, for the analysis of antecedence and consequence may lead to a great deal more. In fact, it led to the Idealism of Kant.

29. That Science is apparently content with antecedence and consequence is seen in Professor Burdon-Sanderson's address: "Science can hardly be said to begin until we have by experiment acquired such a knowledge of the relation between events and their antecedents, between processes and their products, that in our own sphere we are able to forecast the operations of Nature, even when they lie beyond the reach of desired observation." That is, we predict consequents, because they are caused.

30. Clifford and Lewes hold that the Uniformity of Nature ought to be expressed as the Law of the Collocations of Changes. That is, they merely postulate Simultaneity, Succession, and Fixed Order. What more could an Idealist require ?

31. Herbert Spencer's Heredity may account for Necessity as a fact. It does not explain what the Idealist contends for—not merely that a notion is what it is, but that it is explicitly thought as not possibly otherwise—the Necessity of Leibnitz, Kant, and Hegel.

32. Mr. Whittaker, in the interest of Empiricism, reconciles Empiricism with Idealism: "in the final statement of Empiricism, 'relations' are just as fundamental as 'feelings.' All that afterwards becomes thought is implicit not in mere feeling, but in the primitive relations between 'feelings.'"* Feelings are capable of primitive relations, simply because both presuppose one intelligible whole— the position of the Idealist.

33. Taking a portion of the Universe, in order to account for the Universe, is as idle as to suppose that a square on a chess-board is the cause of the board. There can be no fraction outside the whole, and the business of Philosophy must be analysis.

* *Mind*, No. 24, p. 507.

34. Taking analysis as the instrument of thought, Plato, in the *Parmenides*, analyses the Universe into τὸ ἕν and τἄλλα τοῦ ἑνός; the position of τὸ ἕν explaining everything, and its negation nullifying everything.

35. Positing τὸ ἕν, the Universe, as conceived by Plato, may be best described in the words of Hegel:* " Free and infinite Form, as a Totality, involves the principle of Matter in itself"—taking Form in his sense of Complete Whole of Characteristics. Without τὸ ἕν, we may have provisionally an Empiricism like that of Hume and Mill, *Parm.* 164 b; but this, when examined, will end in Nihilism, *Parm.* 165 e.

36. The intelligible element, vindicated by Kant and elaborated by Hegel, is variously termed Ideas and Numbers. The Ideas and Numbers are substantially identical, but Idea denotes the intelligible in relation to the sensibility, while the Numbers are the movements of the pure, intelligible process.

37. Τὸ ἕν brings the *Parmenides* into close relation with the notices of Platonic doctrine preserved in Aristotle and his Scholiasts, as τὸ ἕν is the formative element in the Idea, and the spring from which the Numbers flow.

---

* *Logic*, p. 204, Wallace's translation.

b

38. Xenocrates has given a hypothetic genesis of the Ideas. It is only to assist apprehension, as γένεσις implies evolution in time, which of course does not apply to the Ideas. ἐκ τοῦ μεγάλου καὶ μικροῦ ὑπὸ Τοῦ Ἑνὸς ἰσασθέντων ἐγένοντο ἄν, εἰ δυνατὸν αὐτὰς ἦν γενέσθαι.—*Schol.* 828 *a*, 1, 2.

39. Τὸ ἓν is neither Number nor Idea, although without it we should have neither Number nor Idea. Number—ἀριθμὸς—is, according to Greek arithmeticians, σύστημα μονάδων.— *Theon Smyrn.* 23. Τὸ ἓν is the ἀρχὴ of Numerables.

40. As τὸ ἓν has for its *contre-coup* τὸ ἄπειρον— indefinite plasticity—the first Number is the Dyad, αὐτοδυάς. That is, The One and τὸ ἄπειρον, as two items, constitute the System of Two Monads—ἡ αὐτοδυάς—the Prime Dyad.—Arist. *Met.* B. iii. The Dyad has for its Material τὸ ἄπειρον, and for its Form τὸ ἕν: αἱ πρῶτον γεγονυῖαι δύο μονάδες ὡς ἐξ ὕλης μὲν τῆς Ἀορίστου Δυάδος, εἴδους δὲ τοῦ Ἀρχικοῦ Ἑνὸς—τοῦ Αὐτοενὸς δηλονότι—αὗται πεποιή- κασι τὴν πρώτην Δυάδα.—*Syrianus* ap. *Schol.* 818*b*, 46–9.

41. As the Indefinite Dyad is *Majus* and *Minus*— τὸ μέγα and τὸ μικρὸν—each moiety is a monad. These two monads, with τὸ ἓν as unifier and equa- tor, constitute the System of Three Monads—the Prime Triad—ἡ αὐτοτριάς: αἱ δὲ πάλιν δευτέρως γεγονυῖαι τρεῖς μονάδες, ὡς ἐξ ὕλης μὲν καὶ αὗται

τῆς Ἀορίστου Δυάδος, εἴδους δὲ τοῦ Αὐτοενός, πεποιή-
κασι τὴν Αὐτοτριάδα.—*Syr.* ib. 819 a.

42. Lastly, the Indefinite Dyad as plastic,
taking on itself the Prime Dyad as formal, con-
stitutes the System of Four Monads—the Prime
Tetrad—ἡ αὐτοτετράς: ἐκ τῆς Αὐτοδυάδος καὶ τῆς
Ἀρχικοῦ Δυάδος ἣν Ἀόριστον καλεῖ Δυάδα, ἀπετέλουν
τὴν Τετράδα· οὐ συντιθέντες αὐτὰς (sc. τὰς δυάδας)
οὐδὲ κατὰ πρόσθεσιν αὔξοντες, ἀλλὰ τῆς Ἀορίστου
Δυάδος διπλασιάσης τὴν Αὐτοδυάδα, καὶ οὕτως ἀπο-
τεκούσης τὴν Τετράδα.—*Syr.* ib. 819 b, 26–31.

43. The Archic Dyad—ἀόριστος δυάς—is no
blank infinite. It is plasticity, ἀνεκλειπτός, *Syr.* ib.
907 a, 25. Its virtues are best given in the words
of Syrianus : κινητικὴν οὖσαν ἀρχὴν πάντα τὰ εἴδη
γονίμου πληροῦν δυνάμεως καὶ προάγειν εἰς ἀπογέννη-
σιν τῶν δευτέρων καὶ τρίτων ἀΰλων εἰδῶν.—*Syr.* ib.
906 b, 30–32. δευτέρων καὶ τρίτων ἀΰλων εἰδῶν are
the squares and cubes of the Prime Numbers.

44. The Archic Dyad—ἀόριστος δυὰς—is the
link between Plato's Physics and Metaphysics. It
is Movement both logical and mechanical. All
mechanical movement, whether purely mechanical
or chemical, is in reality a brief description of
relation between two moments. All qualities are
relations in disguise. Analysis, therefore, is the
supreme organon.

45. The two components of all things, τὸ ἕν

b 2

and τὸ ἄπειρον, are thus Metaphysical Ultima discovered by analysis, and not agents in the mechanical, chemical, or so-called psychological sense.

46. Why did Plato use such barren terms as τὸ ἕν—The One, and τἄλλα—All the rest of it? Τὸ ἕν is the geometrical unit, and Geometry is the medium between Sense and Intellect. Aristotle's usual term for Mathematics, as Plato viewed them, is τὰ μεταξύ.

47. Previous to Plato, the notion The One had been so far developed :—

a. Xenophanes deduced Unity from the theological notion Moral Perfection, making Unity a predicate of Essence :

b. Parmenides, by identifying subject and object, made Unity both the logical and substantive essence of all real existence :

c. Melissus made Unity a predicate, but deduced it from infinity :

d. Zeno defended Unity by proving plurality impossible.

48. In Aristotle's hands the notion Unity became Substance, and in that shape was transmitted by the schoolmen to modern thought. It is obvious that the modern atom is a Lilliputian substance.

49. The One being positive, τἄλλα τοῦ ἑνὸς is thrown off as its *contre-coup*, by the process which Hegel elaborated.

50. Anti-Platonists, from Aristotle to Jowett, ask—Where are the Ideas? Would a Kantian entertain the question—Where are the Categories, and Ideas, and Forms?

51. According to Hegel, evolution is Specification: according to Haeckel, specification is Evolution. That the road up is the road down must be seen in time.

THE PARMENIDES OF PLATO.

THE PARMENIDES OF PLATO.

THE philosophical portion of the Dialogue is divided into two parts: the first extends from 127d to 135; and the second from 135 to the end, 166. The first part deals with the question of the relation of the Ideas to sensible things; the second with the relation of the head-Idea—The One—to everything else. The first part discusses generally the relation between the supersensible and the sensible; the second elaborates the relations of the paramount metaphysical entity—The One—to all its subordinates, including sensible things. The second part is thus a particular application of the first; but, as The One is the paramount entity, its relations are all-pervading.

With regard to the first portion, we are told by Mr. Jowett that Plato has anticipated the criticism of all future ages on his Ideas. Mr. Grote declares that there are no dialogues in which the Parmenidean objections to the doctrine of Ideas are elucidated or even recited. But surely all the objections which are urged in the *Parmenides* are based on an assumption with which the sound doctrine of Ideas has nothing to do.

(1). The Idea is spaceless and timeless. This disposes of the objections illustrated by the day and by the sail: 130 e–b 1 e, *par.* 6.

(2). The Idea must either admit of finiteness or proceed to infinity. This disposes of the objections urged in 132 a b, and in 132 d–133 a, *pars.* 7 *and* 9.

(3). The Idea cannot depend for its cognition and existence on man. Its essence cannot be *concipi:* B. 2, b–d, *par.* 8. This to Plato would be a truism.

(4). The Idea cannot exist in total aloofness from man; for this would deprive man on the one hand of all objective knowledge, and God on the other of all knowledge of human knowledge. The obvious conclusions are, that we have a knowledge of the Idea, and that God has so too. These conclusions are quite in accordance with the other Dialogues. It is curious that what Mr. Jowett regards as the true theory of Ideas—that they exist only in the mind—is deliberately rejected by Plato in this Dialogue. If the paramount One does not exist, the result is Phenomenalism and Nihilism. In the same way, Mr. Green, in his introduction to Hume, shows that without Identity and Causation the sensualism of Hume and the phenomenalism of J. S. Mill are impossible, and with them untrue.

To moderns, the difficulty is to conceive that the Idea, while timeless and spaceless, is likewise objectively existing. That Plato held the Idea to be timeless is evident from numberless passages, from the authoritative passage in the *Timaeus*, and the express statement of Aristotle that Plato was the only philosopher who held Time to be the result of what we may call creation. The Idea is likewise *à fortiori* spaceless. Space, according to Plato, is the creature of an illicit process of reasoning, and it is not an object of the senses nor of natural belief. Its double function is to express the apparent but unreal identity of phenomena in a state of flux, and their dependence on the higher essence of the Idea. Aristotle's testimony is conclusive on the point. He asks why Plato does not locate the Idea in space.—*Phys.* IV. ii. 5.

If the Idea be not in time or in space, how does it exist? In the mind, says Mr. Jowett. In what mind? If mind means the human mind, *quâ* human, then we are reduced to individualism. I may infer, or I may not, that there may be some other being with a mind like mine, more or less. If we say in the Divine mind, or in the Universal mind, then the Idea will only be an accident of the higher consciousness. But if we mean by Idea, as Plato did—the Form which perfectly and completely dominates pure thought, and which dominates ours to a smaller extent—then it is true to say that the Idea is not only logically but substantially prior to thought and volition, Divine as well as human, and is therefore independent of both. Surely in a narrower sphere, where a man has consciously grasped the Law of Identity or the

Law of Contradiction, he sees at once that these Laws are something more than the facts of his own brain—something more than actual clearness or passing confusion. But, first, as human thought is dominated consciously or unconsciously by the Laws of thinking, so the Divine Thinking is dominated by the Ideas. To say that Ideas exist in the mind is much the same as saying that the Law of Gravity exists in a man's watch.

The relation of the Idea to sensible things, and of God to both, is somewhat as follows: The Idea consists of two elements, the One and the Indefinite. The Indefinite is pure Passivity. Neither of these elements is created. They are co-eternal with God. God is good. As Aristotle explains it, Goodness is the matter, and One, the form, of the highest Ens. God is also Cause, the notion which brings the One and Goodness into communion. Goodness works through Causality, according to the type set by the Idea of Good. Consequently, the Law which dominates Goodness in its Causal Energy is logically prior to that Energy. On what does the Summum Ens work? On the Indefinite, or the passive element in the Idea, the space, or rather place, of the *Timaeus*. The first causal act of Summum Ens imposes the Law of mere sequence on Passivity. The result is, a chaos of unpredictable sequences, a notion grasped by Milton. The second causal act of Summum Ens is to impose on Chaotic sequence predictable sequence or physical Law, and the result is, the Sensible World. The God of

Plato thus creates nothing, he organises Passivity. Aristotle's question, Why the Idea is not in space, if pressed home, comes to this : Why is the whole Idea, with all its Form and Matter, not in a small fractional result of its Matter misconceived, namely, Place? That Space is not an independent Entity can be proved by other considerations. The non-existence of a Vacuum inside the world is stated positively in the *Timaeus*, where its existence would seem necessary, in the case of one moving body displacing another. This phenomenon Plato explains by the hypothesis of circular motion, a motion which may be exemplified by moving a set of balls round the edge of a "solitaire" board. He has been charged with inconsistency in allowing the structural solids, the Tetrahedron, the Octahedron, and the Icosahedron, to combine in different proportions, all the while he denies the existence of Vacuum. He may easily be defended by the consideration that the complement of the interstices is furnished by τὸ ἄπειρον—the element of Passivity or Receptivity in the Idea.

What then is the Sensible Thing, the Sensible Idea of Locke and Berkeley? Relatively to us, it is strictly τὸ φαινόμενον, τὸ γιγνόμενον, that which is in course of presentation, and which, therefore, *ex vi termini*, is passing away. Objectively, it is the causal action of God, working through the Idea, on the senses. Logically, and chronologically, it is distinct from the Idea. In essence, it is the contrary of the Idea, as the one is ever abiding and the other is momentary; and finally, with regard to theories of perception, the sensible thing bears to its Idea—or rather congeries of Ideas—the relation only of a sign to the thing signified.

"Mind," says Shelley, "cannot create, it can only perceive." This is the popular view. It is the usual confounding of Brain and Thought. In the individual, Sensation precedes Thought; Neurosis precedes Psychosis; but Neurosis—Brain—presupposes Space, Time, and all the constituents of Intelligibility.

Everybody agrees that what is in consciousness may be safely dealt with. But the question arises: Is there anything outside consciousness? In the language of the Dialogue, if τὸ ἓν is the formative element, what is τἆλλα τοῦ ἑνός? In other words, What is τὸ ἄπειρον, which Aristotle represents as the second element in the Idea? It is food for Form—τὸ πέρας. To alter Clifford's term, it may be called Form-stuff. And this Form-stuff, at a certain stage of development, is the χώρα or space of the *Timaeus*—the only passage in Plato's writings which Aristotle finds at variance with the official statements in Plato's lectures.—*Phys.* iv. ii. 5.

To make Space an ultimum in the Platonic Genesis is as preposterous as to make Hegel a Hamiltonian because he allows *Richtigkeit* to the pabulum of the senses. Τὸ ἄπειρον is not outside consciousness. It is part of consciousness: it is there as τὸ ἄπειρον. The chemical metaphor has taken such hold, that when we talk of an element

of consciousness, we almost *eo ipso* assert that it is
not to be found in the mature consciousness, except
in a totally different shape. But, in Plato, the
original aspect of the element reappears in the
compound: τὸ ἄπειρον is τὸ ἄπειρον, and will not
be anything else. Plato is thus a thorough-going
Idealist: τὸ ἄπειρον is part of the domain of
thought.

In applying the terms of modern speculation
to Plato, it is not meant that he had before him
modern problems in their present shape. But the
best teaching of our time is the importance of
history as a basis of criticism, and this teaching
shatters the doctrine that we must read a philo-
sopher by what went before and not by what comes
after him.

Hegel allows *Richtigkeit*, but not *Wahrheit*, to
the sensible element. Plato is more idealistic; for
while in the *Phaedo* he combats the notion that
the sensible element is delusive, in the *Republic* he
argues that the same volume of raw material may
and does admit of opposite relations.

The most striking passage in the Dialogue is
where Parmenides rebukes Socrates for withholding
ideas from mean objects. This is not really at
variance with the passage in the *Timaeus*, 66 d–67 a.
There he states that Smells are the result of air and
water affecting the organs, and that they are dis-
tinguished merely as pleasant or the reverse. In
the *Philebus*, Smells are not preceded by any
craving, and so far are higher than the plea-

sures of repletion. In our day a great poet has
written :—

> Flower in the crannied wall,
> I pluck you out of the crannies;
> Hold you here, root and all, in my hand,
> Little flower—but if I could understand
> What you are, root and all, and all in all,
> I should know what God and man is.

This is genuine Idealism. What we call a single
thing is the concourse of all relations—the com-
plexus of all Ideas—all in all.

ΠΑΡΜΕΝΙΔΗΣ.

ΤΑ ΤΟΥ ΔΙΑΛΟΓΟΥ ΠΡΟΣΩΠΑ

ΚΕΦΑΛΟΣ,
ΑΔΕΙΜΑΝΤΟΣ,
ΑΝΤΙΦΩΝ,
ΓΛΑΥΚΩΝ,
} *Characters in the Introduction.*

ΠΥΘΟΔΩΡΟΣ,
ΣΩΚΡΑΤΗΣ,
ΖΗΝΩΝ,
ΠΑΡΜΕΝΙΔΗΣ,
ΑΡΙΣΤΟΤΕΛΗΣ.
} *Characters in the Main Discussion.*

ΠΑΡΜΕΝΙΔΗΣ.

Introduc-
tion.
——
1. Cepha-
lus relates
his intro-
duction to
Antipho.

Ἐπειδὴ Ἀθήναζε οἴκοθεν ἐκ Κλαζομενῶν ἀφικό-
μεθα, κατ᾽ ἀγορὰν ἐνετύχομεν Ἀδειμάντῳ τε καὶ
Γλαύκωνι· καί μου λαβόμενος τῆς χειρὸς ὁ Ἀδεί-
μαντος, χαῖρ᾽, ἔφη, ὦ Κέφαλε, καὶ εἴ του δέει τῶν
τῇδε, ὧν ἡμεῖς δυνατοί, φράζε. ἀλλὰ μὲν δή, εἶπον
ἐγώ, πάρειμί γε ἐπ᾽ αὐτὸ τοῦτο, δεησόμενος ὑμῶν.
λέγοις ἄν, ἔφη, τὴν δέησιν. καὶ ἐγὼ εἶπον, τῷ
b ἀδελφῷ ὑμῶν τῷ ὁμομητρίῳ τί ἦν ὄνομα ; οὐ γὰρ
μέμνημαι. παῖς δέ που ἦν ὅτε τὸ πρότερον ἐπεδή-
μησα δεῦρο ἐκ Κλαζομενῶν· πολὺς δὲ ἤδη χρόνος
ἐξ ἐκείνου. τῷ μὲν γὰρ πατρί, δοκῶ, Πυριλάμπης
ὄνομα. πάνυ γε, ἔφη· αὐτῷ δέ γε Ἀντιφῶν. ἀλλὰ
τί μάλιστα πυνθάνει ; οἶδ᾽, εἶπον ἐγώ, πολῖταί μοί
εἰσι, μάλα φιλόσοφοι, ἀκηκόασί τε ὅτι οὗτος ὁ
Ἀντιφῶν Πυθοδώρῳ τινὶ Ζήνωνος ἑταίρῳ πολλὰ
ο ἐντετύχηκε, καὶ τοὺς λόγους, οὕς ποτε Σωκράτης
καὶ Ζήνων καὶ Παρμενίδης διελέχθησαν, πολλάκις
ἀκούσας τοῦ Πυθοδώρου ἀπομνημονεύει. ἀληθῆ,
ἔφη, λέγεις. τούτων τοίνυν, εἶπον, δεόμεθα δια-
κοῦσαι. ἀλλ᾽ οὐ χαλεπόν, ἔφη· μειράκιον γὰρ ὢν
αὐτοὺς εὖ μάλα διεμελέτησεν, ἐπεὶ νῦν γε κατὰ τὸν
πάππον τε καὶ ὁμώνυμον πρὸς ἱππικῇ τὰ πολλὰ
διατρίβει. ἀλλ᾽ εἰ δεῖ, ἴωμεν παρ᾽ αὐτόν· ἄρτι
B 2

4 ΠΛΑΤΩΝΟΣ

λίτῃ. ταῦτα εἰπόντες ἐβαδίζομεν, καὶ κατελάβομεν p. 127.
τὸν Ἀντιφῶντα οἴκοι, χαλινόν τινα χαλκεῖ ἐκδιδόντα
σκευάσαι· ἐπειδὴ δὲ ἐκείνου ἀπηλλάγη οἵ τε ἀδελ-
φοὶ ἔλεγον αὐτῷ ὧν ἕνεκα παρεῖμεν, ἀνεγνώρισέ τέ
με ἐκ τῆς προτέρας ἐπιδημίας καί με ἠσπάζετο,
καὶ δεομένων ἡμῶν διελθεῖν τοὺς λόγους τὸ μὲν
πρῶτον ὤκνει· πολὺ γὰρ ἔφη ἔργον εἶναι· ἔπειτα
μέντοι διηγεῖτο.

2. Antipho relates, on the authority of Pythodorus, a conversation between Socrates, Zeno, and Parmenides; the particulars of the meeting: Zeno is reading aloud his treatise on Existence.

ἔφη δὲ δὴ ὁ Ἀντιφῶν λέγειν τὸν Πυθόδωρον
ὅτι ἀφίκοιντό ποτε εἰς Παναθήναια τὰ μεγάλα b
Ζήνων τε καὶ Παρμενίδης. τὸν μὲν οὖν Παρμενί-
δην εὖ μάλα δὴ πρεσβύτην εἶναι, σφόδρα πολιόν,
καλὸν δὲ κἀγαθὸν τὴν ὄψιν, περὶ ἔτη μάλιστα
πέντε καὶ ἑξήκοντα· Ζήνωνα δὲ ἐγγὺς ἐτῶν τεττα-
ράκοντα τότε εἶναι, εὐμήκη δὲ καὶ χαρίεντα ἰδεῖν·
καὶ λέγεσθαι αὐτὸν παιδικὰ τοῦ Παρμενίδου γεγο-
νέναι. καταλύειν δὲ αὐτοὺς ἔφη παρὰ τῷ Πυθοδώρῳ
ἐκτὸς τείχους ἐν Κεραμεικῷ· οἳ δὴ καὶ ἀφικέσθαι c
τόν τε Σωκράτη καὶ ἄλλους τινὰς μετ᾽ αὐτοῦ
πολλούς, ἐπιθυμοῦντας ἀκοῦσαι τῶν τοῦ Ζήνωνος
γραμμάτων· τότε γὰρ αὐτὰ πρῶτον ὑπ᾽ ἐκείνων
κομισθῆναι· Σωκράτη δὲ εἶναι τότε σφόδρα νέον.
ἀναγιγνώσκειν οὖν αὐτοῖς τὸν Ζήνωνα αὐτόν, τὸν
δὲ Παρμενίδην τυχεῖν ἔξω ὄντα· καὶ εἶναι πάνυ
βραχὺ ἔτι λοιπὸν τῶν λόγων ἀναγιγνωσκομένων,
ἡνίκα αὐτός τε ἐπεισελθεῖν ἔφη ὁ Πυθόδωρος d
ἔξωθεν καὶ τὸν Παρμενίδην μετ᾽ αὐτοῦ καὶ Ἀρισ-
τοτέλη τὸν τῶν τριάκοντα γενόμενον, καὶ σμίκρ᾽
ἄττα ἔτι ἐπακοῦσαι τῶν γραμμάτων· οὐ μὴν αὐτός
γε, ἀλλὰ καὶ πρότερον ἀκηκοέναι τοῦ Ζήνωνος.

τὸν οὖν Σωκράτη ἀκούσαντα πάλιν τε κελεῦσαι
τὴν πρώτην ὑπόθεσιν τοῦ πρώτου λόγου ἀναγνῶναι,
καὶ ἀναγνωσθείσης, πῶς, φάναι, ὦ Ζήνων, τοῦτο
e λέγεις; εἰ πολλά ἐστι τὰ ὄντα, ὡς ἄρα δεῖ αὐτὰ
ὅμοιά τε εἶναι καὶ ἀνόμοια, τοῦτο δὲ δὴ ἀδύνατον·
οὔτε γὰρ τὰ ἀνόμοια ὅμοια οὔτε τὰ ὅμοια ἀνόμοια
οἷόν τε εἶναι; οὐχ οὕτω λέγεις; οὕτω, φάναι τὸν
Ζήνωνα. οὐκοῦν εἰ ἀδύνατον τά τε ἀνόμοια ὅμοια
εἶναι καὶ τὰ ὅμοια ἀνόμοια, ἀδύνατον δὴ καὶ πολλὰ
εἶναι· εἰ γὰρ πολλὰ εἴη, πάσχοι ἂν τὰ ἀδύνατα;
ἆρα τοῦτό ἐστιν ὃ βούλονταί σου οἱ λόγοι, οὐκ
ἄλλο τι ἢ διαμάχεσθαι παρὰ πάντα τὰ λεγόμενα,
ὡς οὐ πολλά ἐστι; καὶ τούτου αὐτοῦ οἴει σοι
τεκμήριον εἶναι ἕκαστον τῶν λόγων, ὥστε καὶ
ἡγεῖ τοσαῦτα τεκμήρια παρέχεσθαι, ὅσους περ
128 λόγους γέγραφας, ὡς οὐκ ἔστι πολλά; οὕτω λέγεις,
ἢ ἐγὼ οὐκ ὀρθῶς καταμανθάνω; οὔκ, ἀλλά, φάναι
τὸν Ζήνωνα, καλῶς συνῆκας ὅλον τὸ γράμμα ὃ
βούλεται. μανθάνω, εἰπεῖν τὸν Σωκράτη, ὦ Παρ-
μενίδη, ὅτι Ζήνων ὅδε οὐ μόνον τῇ ἄλλῃ σου
φιλίᾳ βούλεται ᾠκειῶσθαι, ἀλλὰ καὶ τῷ συγ-
γράμματι. ταὐτὸν γὰρ γέγραφε τρόπον τινὰ ὅπερ
σύ, μεταβάλλων δὲ ἡμᾶς πειρᾶται ἐξαπατᾶν ὡς
ἕτερόν τι λέγων. σὺ μὲν γὰρ ἐν τοῖς ποιήμασιν
b ἓν φῂς εἶναι Τὸ Πᾶν, καὶ τούτων τεκμήρια παρέχει
καλῶς τε καὶ εὖ· ὅδε δὲ αὖ οὐ πολλά φησιν εἶναι,
τεκμήρια δὲ αὐτὸς πάμπολλα καὶ παμμεγέθη παρέ-
χεται. τὸ οὖν τὸν μὲν ἓν φάναι, τὸν δὲ μὴ πολλά,
καὶ οὕτως ἑκάτερον λέγειν, ὥστε μηδὲν τῶν αὐτῶν
εἰρηκέναι δοκεῖν σχεδόν τι λέγοντας ταὐτά, ὑπὲρ
ἡμᾶς τοὺς ἄλλους φαίνεται ὑμῖν τὰ εἰρημένα

First part
of the
dialogue:
*prelimi-
nary dis-
cussion,*
the relation
of Τὰ Εἴδη
to sensible
things.

3. Socrates
criticizes
Zeno, and
wishes to
know if he
is right in
the view he
takes.
Zeno says
he is.
"Then
you,
Zeno,"
says So-
crates,
"agree
with Par-
menides,
but you put
your views
in the
negative
form, that
Existence
is non-
plural,
while Par-
menides
puts his in
the affir-
mative,
that Exis-
tence is
one." Zeno
explains
that his
thesis is a
*reductio ad
absurdum*
of the an-
tagonistic
thesis, *i.e.*
greater ab-
surdities
follow
from sup-
posing
Existence

plural than from supposing Existence one.

εἰρῆσθαι. ναί, φάναι τὸν Ζήνωνα, ὦ Σώκρατες.
σὺ δ᾽ οὖν τὴν ἀλήθειαν τοῦ γράμματος οὐ παν-
ταχοῦ ᾖσθησαι· καίτοι ὥσπερ γε αἱ Λάκαιναι c
σκύλακες εὖ μεταθεῖς τε καὶ ἰχνεύεις τὰ λεχθέντα·
ἀλλὰ πρῶτον μέν σε τοῦτο λανθάνει, ὅτι οὐ παν-
τάπασιν οὕτω σεμνύνεται τὸ γράμμα, ὥστε ἅπερ
σὺ λέγεις διανοηθὲν γραφῆναι, τοὺς ἀνθρώπους δὲ
ἐπικρυπτόμενον ὥς τι μέγα διαπραττόμενον· ἀλλὰ
σὺ μὲν εἶπες τῶν συμβεβηκότων τι, ἔστι δὲ τό
γε ἀληθὲς βοήθειά τις ταῦτα τὰ γράμματα τῷ
Παρμενίδου λόγῳ πρὸς τοὺς ἐπιχειροῦντας αὐτὸν
κωμῳδεῖν, ὡς εἰ ἕν ἐστι, πολλὰ καὶ γελοῖα συμ- d
βαίνει πάσχειν τῷ λόγῳ καὶ ἐναντία αὑτῷ. ἀντι-
λέγει δὴ οὖν τοῦτο τὸ γράμμα πρὸς τοὺς τὰ
πολλὰ λέγοντας, καὶ ἀνταποδίδωσι ταῦτα καὶ
πλείω, τοῦτο βουλόμενον δηλοῦν, ὡς ἔτι γελοιό-
τερα πάσχοι ἂν αὐτῶν ἡ ὑπόθεσις, εἰ πολλά ἐστιν,
ἢ ἡ τοῦ ἓν εἶναι, εἴ τις ἱκανῶς ἐπεξίοι. διὰ
τοιαύτην δὴ φιλονεικίαν ὑπὸ νέου ὄντος ἐμοῦ
ἐγράφη, καί τις αὐτὸ ἔκλεψε γραφέν, ὥστε οὐδὲ
βουλεύσασθαι ἐξεγένετο, εἴτ᾽ ἐξοιστέον αὐτὸ εἰς e
τὸ φῶς εἴτε μή. ταύτῃ γ᾽ οὖν σε λανθάνει, ὦ
Σώκρατες, ὅτι οὐχ ὑπὸ νέου φιλονεικίας οἴει αὐτὸ
γεγράφθαι, ἀλλ᾽ ὑπὸ πρεσβυτέρου φιλοτιμίας·
ἐπεί, ὅπερ γ᾽ εἶπον, οὐ κακῶς ἀπείκασας.

4. Socrates sets forth his theory of Generali-zation, that the things denoted by general words may participate in opposite

ἀλλ᾽ ἀποδέχομαι, φάναι τὸν Σωκράτη, καὶ
ἡγοῦμαι ὡς λέγεις ἔχειν. τόδε δέ μοι εἰπέ· οὐ
νομίζεις εἶναι αὐτὸ καθ᾽ αὑτὸ εἶδός τι Ὁμοιότητος,
καὶ τῷ τοιούτῳ αὖ ἄλλο τι ἐναντίον, ὅ ἔστιν Ἀνό- 129
μοιον· τούτοιν δὲ δυοῖν ὄντοιν καὶ ἐμὲ καὶ σὲ
καὶ τἆλλα ἃ δὴ πολλὰ καλοῦμεν μεταλαμβάνειν;

καὶ τὰ μὲν τῆς Ὁμοιότητος μεταλαμβάνοντα ὅμοια
γίγνεσθαι ταύτῃ τε καὶ κατὰ τοσοῦτον ὅσον. ἂν
μεταλαμβάνῃ, τὰ δὲ τῆς Ἀνομοιότητος ἀνόμοια,
τὰ δὲ ἀμφοτέρων ἀμφότερα; εἰ δὲ καὶ πάντα
ἐναντίων ὄντων ἀμφοτέρων μεταλαμβάνει, καὶ ἔστι
b τῷ μετέχειν ἀμφοῖν ὅμοιά τε καὶ ἀνόμοια αὐτὰ
αὑτοῖς, τί θαυμαστόν; εἰ μὲν γὰρ αὐτὰ τὰ ὅμοιά
τις ἀπέφαινεν ἀνόμοια γιγνόμενα ἢ τὰ ἀνόμοια
ὅμοια, τέρας ἄν, οἶμαι, ἦν· εἰ δὲ τὰ τούτων μετέ-
χοντα ἀμφοτέρων ἀμφότερα ἀποφαίνει πεπονθότα,
οὐδὲν ἔμοιγε, ὦ Ζήνων, ἄτοπον δοκεῖ εἶναι, οὐδέ
γε εἰ ἓν ἅπαντα ἀποφαίνει τις τῷ μετέχειν τοῦ
Ἑνὸς καὶ ταὐτὰ ταῦτα πολλὰ τῷ Πλήθους αὖ
μετέχειν· ἀλλ' εἰ ὃ ἔστιν Ἓν αὐτὸ τοῦτο πολλὰ
c ἀποδείξει, καὶ αὖ τὰ Πολλὰ δὴ ἕν, τοῦτο ἤδη
θαυμάσομαι. καὶ περὶ τῶν ἄλλων ἁπάντων ὡσαύ-
τως· εἰ μὲν αὐτὰ τὰ γένη τε καὶ εἴδη ἐν αὑ-
τοῖς ἀποφαίνοι τἀναντία ταῦτα πάθη πάσχοντα,
ἄξιον θαυμάζειν· εἰ δ' ἐμὲ ἕν τις ἀποδείξει ὄντα
καὶ πολλά, τί θαυμαστόν, λέγων, ὅταν μὲν βού-
ληται πολλὰ ἀποφαίνειν, ὡς ἕτερα μὲν τὰ ἐπὶ
δεξιά μού ἐστιν, ἕτερα δὲ τὰ ἐπ' ἀριστερά, καὶ
ἕτερα μὲν τὰ πρόσθεν, ἕτερα δὲ τὰ ὄπισθεν, καὶ
ἄνω καὶ κάτω ὡσαύτως· Πλήθους γάρ, οἶμαι,
d μετέχω· ὅταν δὲ ἕν, ἐρεῖ ὡς ἑπτὰ ἡμῶν ὄντων εἷς
ἐγώ εἰμι ἄνθρωπος, μετέχων καὶ τοῦ Ἑνός· ὥστε
ἀληθῆ ἀποφαίνει ἀμφότερα. ἐὰν οὖν τις τοιαῦτα
ἐπιχειρῇ πολλὰ καὶ ἓν ταὐτὰ ἀποφαίνειν, λίθους
καὶ ξύλα καὶ τὰ τοιαῦτα, φήσομεν αὐτὸν πολλὰ
καὶ ἓν ἀποδεικνύναι, οὐ τὸ Ἓν πολλὰ οὐδὲ τὰ
Πολλὰ ἕν, οὐδέ τι θαυμαστὸν λέγειν, ἀλλ' ἅπερ

εἴδη, but
that the
εἴδη them-
selves can-
not admit
of incom-
patible
affections:
e.g. a man
is one, and
so partici-
pates in
Unity: but
he may be
also one of
many, in
which case
he partici-
pates in
Plurality:
but the
εἶδος Unity
can never
be the εἶδος
Plurality,
nor *vice
versa.*

ἂν πάντες ὁμολογοῖμεν· ἐὰν δέ τις, ὁ νῦν δὴ
ἐγὼ ἔλεγον, πρῶτον μὲν διαιρῆται χωρὶς αὐτὰ
καθ' αὑτὰ τὰ εἴδη, οἶον Ὁμοιότητά τε καὶ Ἀνο-
μοιότητα καὶ Πλῆθος καὶ τὸ Ἓν καὶ Στάσιν ε
καὶ Κίνησιν καὶ πάντα τὰ τοιαῦτα, εἶτα ἐν
ἑαυτοῖς ταῦτα δυνάμενα συγκεράννυσθαι καὶ δια-
κρίνεσθαι ἀποφαίνῃ, ἀγαίμην ἂν ἔγωγ', ἔφη,
θαυμαστῶς, ὦ Ζήνων. ταῦτα δὲ ἀνδρείως μὲν
πάνυ ἡγοῦμαι πεπραγματεῦσθαι· πολὺ μέντ' ἂν
ὧδε μᾶλλον, ὡς λέγω, ἀγασθείην, εἴ τις ἔχοι
τὴν αὐτὴν ἀπορίαν ἐν αὐτοῖς τοῖς εἴδεσι παν-
τοδαπῶς πλεκομένην, ὥσπερ ἐν τοῖς ὁρωμένοις 130
διήλθετε, οὕτω καὶ ἐν τοῖς λογισμῷ λαμβανο-
μένοις ἐπιδεῖξαι.

5. Socrates denies the universality of εἴδη. He allows that there are εἴδη of Beauty, Goodness, and such like; he is doubtful about the existence of εἴδη for such things as Man, Fire, and Water; and he is quite positive that there are no εἴδη for such things as Hair, Mud, Filth. Parmenides replies that this is a

λέγοντος δή, ἔφη ὁ Πυθόδωρος, τοῦ Σωκράτους
ταῦτα αὐτὸς μὲν οἴεσθαι ἐφ' ἑκάστου ἄχθεσθαι
τόν τε Παρμενίδην καὶ τὸν Ζήνωνα, τοὺς δὲ πάνυ
τε αὐτῷ προσέχειν τὸν νοῦν καὶ θαμὰ εἰς ἀλλή-
λους βλέποντας μειδιᾶν ὡς ἀγαμένους τὸν Σωκράτη.
ὅπερ οὖν καὶ παυσαμένου αὐτοῦ εἰπεῖν τὸν Παρ-
μενίδην, ὦ Σώκρατες, φάναι, ὡς ἄξιος εἶ ἄγασθαι
τῆς ὁρμῆς τῆς ἐπὶ τοὺς λόγους· καί μοι εἰπέ, αὐτὸς b
σὺ οὕτω διῄρησαι ὡς λέγεις, χωρὶς μὲν εἴδη αὐτὰ
ἄττα, χωρὶς δὲ τὰ τούτων αὖ μετέχοντα; καί τί
σοι δοκεῖ εἶναι αὐτὴ Ὁμοιότης χωρὶς ἧς ἡμεῖς
ὁμοιότητος ἔχομεν, καὶ Ἓν δὴ καὶ Πολλὰ καὶ πάντα
ὅσα νῦν δὴ Ζήνωνος ἤκουες; ἔμοιγε, φάναι τὸν
Σωκράτη. ἦ καὶ τὰ τοιάδε, εἰπεῖν τὸν Παρμενίδην,
οἶον Δικαίου τι εἶδος αὐτὸ καθ' αὑτὸ καὶ Καλοῦ
καὶ Ἀγαθοῦ καὶ πάντων αὖ τῶν τοιούτων; ναί,
φάναι. τί δ', ἀνθρώπου εἶδος χωρὶς ἡμῶν καὶ τῶν c

οἷοι ἡμεῖς ἐσμὲν πάντων, αὐτό τι εἶδος Ἀνθρώπου
ἢ Πυρὸς ἢ καὶ Ὕδατος; ἐν ἀπορίᾳ, φάναι, πολ-
λάκις δή, ὦ Παρμενίδη, περὶ αὐτῶν γέγονα, πότερα
χρὴ φάναι ὥσπερ περὶ ἐκείνων ἢ ἄλλως. ἦ καὶ
περὶ τῶνδε, ὦ Σώκρατες, ἃ καὶ γελοῖα δόξειεν ἂν
εἶναι, οἷον Θρὶξ καὶ Πηλὸς καὶ Ῥύπος ἢ ἄλλο ὅ
τι ἀτιμότατόν τε καὶ φαυλότατον, ἀπορεῖς εἴτε χρὴ
φάναι καὶ τούτων ἑκάστου εἶδος εἶναι χωρίς, ὂν
d ἄλλο αὐτῶν ὧν ἡμεῖς μεταχειριζόμεθα, εἴτε καὶ
μή; οὐδαμῶς, φάναι τὸν Σωκράτη, ἀλλὰ ταῦτα
μέν γε, ἅπερ ὁρῶμεν, ταῦτα καὶ εἶναι· εἶδος δέ
τι αὐτῶν οἰηθῆναι εἶναι μὴ λίαν ᾖ ἄτοπον. ἤδη
μέντοι ποτέ με καὶ ἔθραξε μή τι ᾖ περὶ πάντων
ταὐτόν· ἔπειτα ὅταν ταύτῃ στῶ, φεύγων οἴχομαι,
δείσας μή ποτε εἴς τιν' ἄβυθον φλυαρίαν ἐμπεσὼν
διαφθαρῶ· ἐκεῖσε δ' οὖν ἀφικόμενος, εἰς ἃ νῦν δὴ
ἐλέγομεν εἴδη ἔχειν, περὶ ἐκεῖνα πραγματευόμενος
e διατρίβω. νέος γὰρ εἶ ἔτι, φάναι τὸν Παρμενίδην,
ὦ Σώκρατες, καὶ οὔπω σου ἀντείληπται φιλοσοφία,
ὡς ἔτι ἀντιλήψεται κατ' ἐμὴν δόξαν, ὅτε οὐδὲν
αὐτῶν ἀτιμάσεις· νῦν δὲ ἔτι πρὸς ἀνθρώπων ἀπο-
βλέπεις δόξας διὰ τὴν ἡλικίαν.

τόδε οὖν μοι εἰπέ. δοκεῖ σοι, ὡς φής, εἶναι
εἴδη ἄττα, ὧν τάδε τὰ ἄλλα μεταλαμβάνοντα τὰς
131 ἐπωνυμίας αὐτῶν ἴσχειν, οἷον Ὁμοιότητος μὲν μετα-
λαβόντα ὅμοια, Μεγέθους δὲ μεγάλα, Κάλλους τε
καὶ Δικαιοσύνης δίκαιά τε καὶ καλὰ γίγνεσθαι,
πάνυ γε, φάναι τὸν Σωκράτη. οὐκοῦν ἤτοι ὅλου
τοῦ εἴδους ἢ μέρους ἕκαστον τὸ μεταλαμβάνον
μεταλαμβάνει; ἢ ἄλλη τις ἂν μετάληψις χωρὶς
τούτων γένοιτο; καὶ πῶς ἄν; εἶπεν. πότερον οὖν

10 ΠΛΑΤΩΝΟΣ

whole or by way of part, either simultaneously or successively, i.e. the εἶδος is both spaceless and timeless.

δοκεῖ σοι ὅλον τὸ εἶδος ἐν ἑκάστῳ εἶναι τῶν πολλῶν ἓν ὄν, ἢ πῶς; τί γὰρ κωλύει, φάναι τὸν Σωκράτη, ὦ Παρμενίδη, ἐνεῖναι; ἓν ἄρα ὂν καὶ ταὐτὸν ἐν πολλοῖς χωρὶς οὖσιν ὅλον ἅμα ἐνέσται, καὶ οὕτως αὐτὸ αὑτοῦ χωρὶς ἂν εἴη. οὐκ ἄν, εἴ γε, φάναι, οἷον ἡ ἡμέρα μία καὶ ἡ αὐτὴ οὖσα πολλαχοῦ ἅμα ἐστὶ καὶ οὐδέν τι μᾶλλον αὐτὴ αὑτῆς χωρίς ἐστιν, εἰ οὕτω καὶ ἕκαστον τῶν εἰδῶν ἓν ἐν πᾶσιν ἅμα ταὐτὸν εἴη. ἡδέως γε, φάναι, ὦ Σώκρατες, ἓν ταὐτὸν ἅμα πολλαχοῦ ποιεῖς, οἷον εἰ ἱστίῳ καταπετάσας πολλοὺς ἀνθρώπους φαίης ἓν ἐπὶ πολλοῖς εἶναι ὅλον· ἢ οὐ τὸ τοιοῦτον ἡγεῖ λέγειν; ἴσως, φάναι. ἦ οὖν ὅλον ἐφ᾽ ἑκάστῳ τὸ ἱστίον εἴη ἄν, ἢ μέρος αὐτοῦ ἄλλο ἐπ᾽ ἄλλῳ; μέρος. μεριστὰ ἄρα, φάναι, ὦ Σώκρατες, ἔστιν αὐτὰ τὰ εἴδη, καὶ τὰ μετέχοντα αὐτῶν μέρους ἂν μετέχοι, καὶ οὐκέτι ἐν ἑκάστῳ ὅλον, ἀλλὰ μέρος ἑκάστου ἂν εἴη. φαίνεται οὕτω γε. ἦ οὖν ἐθελήσεις, ὦ Σώκρατες, φάναι τὸ Ἓν εἶδος ἡμῖν τῇ ἀληθείᾳ μερίζεσθαι· καὶ ἔτι ἓν ἔσται; οὐδαμῶς, εἰπεῖν. ὅρα γάρ, φάναι· εἰ αὐτὸ τὸ Μέγεθος μεριεῖς καὶ ἕκαστον τῶν πολλῶν μεγάλων μεγέθους μέρει σμικροτέρῳ αὐτοῦ τοῦ Μεγέθους μέγα ἔσται, ἆρα οὐκ ἄλογον φανεῖται; πάνυ γ᾽, ἔφη. τί δέ; τοῦ Ἴσου μέρος ἕκαστον σμικρὸν ἀπολαβόν τι ἕξει ᾧ ἐλάττονι ὄντι αὐτοῦ τοῦ Ἴσου τὸ ἔχον ἴσον τῳ ἔσται; ἀδύνατον. ἀλλὰ τοῦ Σμικροῦ μέρος τις ἡμῶν ἕξει· τούτου δὲ αὐτοῦ τὸ σμικρὸν μεῖζον ἔσται ἅτε μέρους ἑαυτοῦ ὄντος, καὶ οὕτω δὴ αὐτὸ τὸ Σμικρὸν μεῖζον ἔσται· ᾧ δ᾽ ἂν προστεθῇ τὸ ἀφαιρεθέν, τοῦτο σμικρότερον ἔσται ἀλλ᾽ οὐ μεῖζον ἢ

ΠΑΡΜΕΝΙΔΗΣ. 11

πρίν. οὐκ ἂν γένοιτο, φάναι, τοῦτό γε. τίν᾽ οὖν
τρόπον, εἰπεῖν, ὦ Σώκρατες, τῶν εἰδῶν σοι τὰ
ἄλλα μεταλήψεται, μήτε κατὰ μέρη μήτε κατὰ
ὅλα μεταλαμβάνειν δυνάμενα; οὐ μὰ τὸν Δία,
φάναι, οὔ μοι δοκεῖ εὔκολον εἶναι τὸ τοιοῦτον
οὐδαμῶς διορίσασθαι.

τί δὲ δή; πρὸς τόδε πῶς ἔχεις; τὸ ποῖον; οἶμαί
σε ἐκ τοῦ τοιοῦδε ἓν ἕκαστον εἶδος οἴεσθαι εἶναι·
ὅταν πόλλ᾽ ἄττα μεγάλα σοι δόξῃ εἶναι, μία τις
ἴσως δοκεῖ ἰδέα ἡ αὐτὴ εἶναι ἐπὶ πάντα ἰδόντι,
ὅθεν ἓν τὸ Μέγα ἡγεῖ εἶναι. ἀληθῆ λέγεις, φάναι.
τί δ᾽ αὐτὸ τὸ Μέγα καὶ τᾶλλα τὰ μεγάλα, ἐὰν
ὡσαύτως τῇ ψυχῇ ἐπὶ πάντα ἴδῃς, οὐχὶ ἕν τι αὖ
που μέγα φανεῖται, ᾧ ταῦτα πάντα ἀνάγκη μεγάλα
φαίνεσθαι; ἔοικεν. ἄλλο ἄρα εἶδος μεγέθους ἀνα-
φανήσεται, παρ᾽ αὐτό τε τὸ Μέγεθος γεγονὸς καὶ
τὰ μετέχοντα αὐτοῦ· καὶ ἐπὶ τούτοις αὖ πᾶσιν
ἕτερον, ᾧ ταῦτα πάντα μεγάλα ἔσται· καὶ οὐκέτι
δὴ ἓν ἕκαστόν σοι τῶν εἰδῶν ἔσται, ἀλλ᾽ ἄπειρα
τὸ πλῆθος.

ἀλλά, φάναι, ὦ Παρμενίδη, τὸν Σωκράτη, μὴ
τῶν εἰδῶν ἕκαστον ᾖ τούτων νόημα, καὶ οὐδαμοῦ
αὐτῷ προσήκῃ ἐγγίγνεσθαι ἄλλοθι ἢ ἐν ψυχαῖς·
οὕτω γὰρ ἂν ἕν γε ἕκαστον εἴη καὶ οὐκ ἂν ἔτι
πάσχοι ἃ νῦν δὴ ἐλέγετο. τί οὖν; φάναι, ἓν
ἕκαστόν ἐστι τῶν νοημάτων, νόημα δὲ οὐδενός;
ἀλλ᾽ ἀδύνατον, εἰπεῖν. ἀλλὰ τινός; ναί. ὄντος ἢ
οὐκ ὄντος; ὄντος. οὐχ ἑνός τινος, ὃ ἐπὶ πᾶσιν
ἐκεῖνο τὸ νόημα ἐπὸν νοεῖ, μίαν τινὰ οὖσαν ἰδέαν;
ναί. εἶτα οὐκ εἶδος ἔσται τοῦτο τὸ νοούμενον ἓν
εἶναι, ἀεὶ ὂν τὸ αὐτὸ ἐπὶ πᾶσιν; ἀνάγκη αὖ

7. The origin of the theory of the unique εἶδος: if the εἶδος be absolutely distinct from the sum of particulars, εἶδος in quantity is infinite, which is an absurdity; it is therefore unique.

8. The εἶδος perhaps may be an intellectual Concept which exists only in the mind of the concipient: but this hypothesis eventuates in a dilemma, and either alternative is an absurdity.

12 ΠΛΑΤΩΝΟΣ

φαίνεται. τί δὲ δή; εἰπεῖν τὸν Παρμενίδην, οὐκ
ἀνάγκη, εἰ τἆλλα φῂς τῶν εἰδῶν μετέχειν, ἢ δοκεῖν
σοι ἐκ νοημάτων ἕκαστον εἶναι καὶ πάντα νοεῖν,
ἢ νοήματα ὄντα ἀνόητα εἶναι; ἀλλ' οὐδὲ τοῦτο,
φάναι, ἔχει λόγον.

9. εἴδη
may per-
haps exist
objectively
as Types to
which sen-
sible things
conform:
but this
hypothesis
would
involve an
infinite
series of
mediating
εἴδη, which
is absurd:
for the
εἶδος is
unique.

ἀλλ', ὦ Παρμενίδη, μάλιστα ἔμοιγε καταφαίνεται
ὧδε ἔχειν· τὰ μὲν εἴδη ταῦτα ὥσπερ παραδείγματα d
ἑστάναι ἐν τῇ φύσει, τὰ δὲ ἄλλα τούτοις ἐοικέναι
καὶ εἶναι ὁμοιώματα· καὶ ἡ μέθεξις αὕτη τοῖς
ἄλλοις γίγνεσθαι τῶν εἰδῶν οὐκ ἄλλη τις ἢ εἰκα-
σθῆναι αὐτοῖς. εἰ οὖν τι, ἔφη, ἔοικε τῷ εἴδει, οἷόν
τε ἐκεῖνο τὸ εἶδος μὴ ὅμοιον εἶναι τῷ εἰκασθέντι,
καθ' ὅσον αὐτῷ ἀφωμοιώθη; ἢ ἔστι τις μηχανὴ
τὸ ὅμοιον μὴ ὁμοίῳ ὅμοιον εἶναι; οὐκ ἔστι. τὸ
δὲ ὅμοιον τῷ ὁμοίῳ ἆρ' οὐ μεγάλη ἀνάγκη ἑνὸς
τοῦ αὐτοῦ εἴδους μετέχειν; ἀνάγκη. οὗ δ' ἂν τὰ e
ὅμοια μετέχοντα ὅμοια ᾖ, οὐκ ἐκεῖνο ἔσται αὐτὸ
τὸ εἶδος; παντάπασι μὲν οὖν. οὐκ ἄρα οἷόν τέ
τι τῷ εἴδει ὅμοιον εἶναι, οὐδὲ τὸ εἶδος ἄλλῳ· εἰ
δὲ μή, παρὰ τὸ εἶδος ἀεὶ ἄλλο ἀναφανήσεται
εἶδος, καὶ ἂν ἐκεῖνό τῳ ὅμοιον ᾖ, ἕτερον αὖ, καὶ 133
οὐδέποτε παύσεται ἀεὶ καινὸν εἶδος γιγνόμενον,
ἐὰν τὸ εἶδος τῷ ἑαυτοῦ μετέχοντι ὅμοιον γίγνηται.
ἀληθέστατα λέγεις. οὐκ ἄρα ὁμοιότητι τἆλλα τῶν
εἰδῶν μεταλαμβάνει, ἀλλά τι ἄλλο δεῖ ζητεῖν ᾧ
μεταλαμβάνει. ἔοικεν. ὁρᾷς οὖν, φάναι, ὦ Σώ-
κρατες, ὅση ἡ ἀπορία, ἐάν τις εἴδη ὄντα αὐτὰ
καθ' αὑτὰ διορίζηται; καὶ μάλα.

10. If the
εἴδη exist
absolutely,
we cannot
know

εὖ τοίνυν ἴσθι, φάναι, ὅτι ὡς ἔπος εἰπεῖν οὐδέπω
ἅπτει αὐτῆς ὅση ἐστὶν ἡ ἀπορία, εἰ ἓν εἶδος ἕκασ- b
τον τῶν ὄντων ἀεί τι ἀφοριζόμενος θήσεις. πῶς

δή; εἰπεῖν. πολλὰ μὲν καὶ ἄλλα, φάναι, μέγιστον
δὲ τόδε. εἴ τις φαίη μηδὲ προσήκειν αὐτὰ γίγ-
νώσκεσθαι ὄντα τοιαῦτα οἶά φαμεν δεῖν εἶναι τὰ
εἴδη, τῷ ταῦτα λέγοντι οὐκ ἂν ἔχοι τις ἐνδείξα-
σθαι ὅτι ψεύδεται, εἰ μὴ πολλῶν τύχοι ἔμπειρος
ὢν ὁ ἀμφισβητῶν καὶ μὴ ἀφυής, ἐθέλοι δὲ πάνυ
πολλὰ καὶ πόρρωθεν πραγματευομένου τοῦ ἐνδεικ-
c νυμένου ἕπεσθαι, ἀλλ᾽ ἀπίθανος εἴη ὁ ἄγνωστα
ἀναγκάζων αὐτὰ εἶναι. πῇ δή, ὦ Παρμενίδη;
φάναι τὸν Σωκράτη. ὅτι, ὦ Σώκρατες, οἶμαι ἂν
καὶ σὲ καὶ ἄλλον, ὅστις αὐτήν τινα καθ᾽ αὑτὴν
ἑκάστου οὐσίαν τίθεται εἶναι, ὁμολογῆσαι ἂν πρῶ-
τον μὲν μηδεμίαν αὐτῶν εἶναι ἐν ἡμῖν. πῶς γὰρ ἂν
αὐτὴ καθ᾽ αὑτὴν ἔτι εἴη; φάναι τὸν Σωκράτη.
καλῶς λέγεις, εἰπεῖν. οὐκοῦν καὶ ὅσαι τῶν ἰδεῶν
πρὸς ἀλλήλας εἰσὶν αἵ εἰσιν, αὐταὶ πρὸς αὑτὰς
d τὴν οὐσίαν ἔχουσιν, ἀλλ᾽ οὐ πρὸς τὰ παρ᾽ ἡμῖν
εἴτε ὁμοιώματα εἴτε ὅπῃ δή τις αὐτὰ τίθεται, ὧν
ἡμεῖς μετέχοντες εἶναι ἕκαστα ἐπονομαζόμεθα· τὰ
δὲ παρ᾽ ἡμῖν ταῦτα, ὁμώνυμα ὄντα ἐκείνοις, αὐτὰ
αὖ πρὸς αὑτά ἐστιν ἀλλ᾽ οὐ πρὸς τὰ εἴδη, καὶ
ἑαυτῶν ἀλλ᾽ οὐκ ἐκείνων ὅσα αὖ ὀνομάζεται οὕτως.
πῶς λέγεις; φάναι τὸν Σωκράτη. οἷον, φάναι τὸν
Παρμενίδην, εἴ τις ἡμῶν του δεσπότης ἢ δοῦλός
ἐστιν, οὐκ αὐτοῦ Δεσπότου δή που, ὃ ἔστι Δεσπό-
e της, ἐκείνου δοῦλός ἐστιν, οὐδὲ αὐτοῦ Δούλου, ὃ ἔστι
Δοῦλος, δεσπότης ὁ δεσπότης, ἀλλ᾽ ἄνθρωπος ὢν ἀν-
θρώπου ἀμφότερα ταῦτά ἐστιν· αὐτὴ δὲ Δεσποτεία
αὐτῆς Δουλείας ἐστὶν ὅ ἐστι, καὶ δουλεία ὡσαύτως,
αὐτὴ Δουλεία αὐτῆς Δεσποτείας, ἀλλ᾽ οὐ τὰ ἐν
ἡμῖν πρὸς ἐκεῖνα τὴν δύναμιν ἔχει οὐδὲ ἐκεῖνα

them, since an absolute object implies as its correlative a faculty of absolute knowledge; and, conversely, Deity, as possessing absolute knowledge, could not have less than absolute knowledge, that is, could not have our knowledge, and therefore would be without some knowledge, which is absurd.

πρὸς ἡμᾶς, ἀλλ', ὃ λέγω, αὐτὰ αὑτῶν καὶ πρὸς
αὑτὰ ἐκεῖνά τέ ἐστι, καὶ τὰ παρ' ἡμῖν ὡσαύτως 134
πρὸς ἑαυτά· ἢ οὐ μανθάνεις ὃ λέγω; Πάνυ γ',
εἰπεῖν τὸν Σωκράτη, μανθάνω. οὐκοῦν καὶ ἐπισ-
τήμη, φάναι, αὐτὴ μὲν ὃ ἔστιν Ἐπιστήμη τῆς ὃ
ἔστιν Ἀλήθεια αὐτῆς ἂν ἐκείνης εἴη ἐπιστήμη;
πάνυ γε. ἑκάστη δὲ αὖ τῶν ἐπιστημῶν, ἣ ἔστιν,
ἑκάστου τῶν ὄντων, ὃ ἔστιν, εἴη ἂν ἐπιστήμη· ἢ
οὔ; ναί. ἡ δὲ παρ' ἡμῖν ἐπιστήμη οὐ τῆς παρ'
ἡμῖν ἂν ἀληθείας εἴη, καὶ αὖ ἑκάστη ἡ παρ' ἡμῖν
ἐπιστήμη τῶν παρ' ἡμῖν ὄντων ἑκάστου ἂν ἐπισ- b
τήμη συμβαίνοι εἶναι; ἀνάγκη. ἀλλὰ μὴν αὐτά
γε τὰ εἴδη, ὡς ὁμολογεῖς, οὔτε ἔχομεν οὔτε παρ'
ἡμῖν οἷόν τε εἶναι. οὐ γὰρ οὖν. γιγνώσκεται δέ
γέ που ὑπ' αὐτοῦ τοῦ εἴδους τοῦ τῆς Ἐπιστήμης
αὐτὰ τὰ γένη ἃ ἔστιν ἕκαστα; ναί. ὃ γε ἡμεῖς
οὐκ ἔχομεν. οὐ γάρ. οὐκ ἄρα ὑπό γε ἡμῶν γιγ-
νώσκεται τῶν εἰδῶν οὐδέν, ἐπειδὴ αὐτῆς Ἐπιστήμης
οὐ μετέχομεν. οὐκ ἔοικεν. ἄγνωστον ἄρα ἡμῖν
ἐστὶ καὶ αὐτὸ τὸ Καλὸν ὃ ἔστι καὶ τὸ Ἀγαθὸν
καὶ πάντα ἃ δὴ ὡς ἰδέας αὐτὰς οὔσας ὑπολαμβά- c
νομεν. κινδυνεύει. ὅρα δὴ ἔτι τούτου δεινότερον
τόδε. τὸ ποῖον; φαίης ἂν ἢ οὔ, εἴπερ ἔστιν αὐτό
τι γένος Ἐπιστήμης, πολὺ αὐτὸ ἀκριβέστερον εἶναι
ἢ τὴν παρ' ἡμῖν ἐπιστήμην; καὶ Κάλλος καὶ τἆλλα
πάντα οὕτως; ναί. οὐκοῦν εἴπερ τι ἄλλο αὐτῆς
Ἐπιστήμης μετέχει, οὐκ ἄν τινα μᾶλλον ἢ θεὸν
φαίης ἔχειν τὴν ἀκριβεστάτην ἐπιστήμην; ἀνάγκη.
ἆρ' οὖν οἷός τε αὖ ἔσται ὁ θεὸς τὰ παρ' ἡμῖν d
γιγνώσκειν αὐτὴν Ἐπιστήμην ἔχων; τί γὰρ οὔ;
ὅτι, ἔφη ὁ Παρμενίδης, ὡμολόγηται ἡμῖν, ὦ Σώ-

κρατες, μήτ' ἐκεῖνα τὰ εἴδη πρὸς τὰ παρ' ἡμῖν
τὴν δύναμιν ἔχειν ἣν ἔχει, μήτε τὰ παρ' ἡμῖν
πρὸς ἐκεῖνα, ἀλλ' αὐτὰ πρὸς αὐτὰ ἑκάτερα. ὡμο-
λόγηται γάρ. οὐκοῦν εἰ παρὰ τῷ θεῷ αὕτη ἐστὶν
ἡ ἀκριβεστάτη Δεσποτεία καὶ αὕτη ἡ ἀκριβεστάτη
Ἐπιστήμη, οὔτ' ἂν ἡ Δεσποτεία ἡ ἐκείνων ἡμῶν
e ποτὲ ἂν δεσπόσειεν, οὔτ' ἂν ἡ Ἐπιστήμη ἡμᾶς
γνοίη οὐδέ τι ἄλλο τῶν παρ' ἡμῖν, ἀλλὰ ὁμοίως
ἡμεῖς τ' ἐκείνων οὐκ ἄρχομεν τῇ παρ' ἡμῖν ἀρχῇ
οὐδὲ γιγνώσκομεν τοῦ θείου οὐδὲν τῇ ἡμετέρᾳ
ἐπιστήμῃ, ἐκεῖνοί τε αὖ κατὰ τὸν αὐτὸν λόγον
οὔτε δεσπόται ἡμῶν εἰσὶν οὔτε γιγνώσκουσι τὰ
ἀνθρώπεια πράγματα θεοὶ ὄντες. ἀλλὰ μὴ λίαν,
ἔφη, θαυμαστὸς ὁ λόγος ᾖ, εἴ τις τὸν θεὸν ἀπο-
στερήσειε τοῦ εἰδέναι.

ταῦτα μέντοι, ὦ Σώκρατες, ἔφη ὁ Παρμενίδης,
135 καὶ ἔτι ἄλλα πρὸς τούτοις πάνυ πολλὰ ἀναγκαῖον
ἔχειν τὰ εἴδη, εἰ εἰσὶν αὗται αἱ ἰδέαι τῶν ὄντων
καὶ ὁριεῖταί τις αὐτό τι ἕκαστον εἶδος· ὥστε ἀπο-
ρεῖν τε τὸν ἀκούοντα καὶ ἀμφισβητεῖν ὡς οὔτε
ἔστι ταῦτα, εἴτε ὅ τι μάλιστα εἴη, πολλὴ ἀνάγκη
αὐτὰ εἶναι τῇ ἀνθρωπίνῃ φύσει ἄγνωστα· καὶ
ταῦτα λέγοντα δοκεῖν τε τὶ λέγειν καί, ὃ ἄρτι
ἐλέγομεν, θαυμαστῶς ὡς δυσανάπειστον εἶναι· καὶ
ἀνδρὸς πάνυ μὲν εὐφυοῦς τοῦ δυνησομένου μαθεῖν
ὡς ἔστι γένος τι ἑκάστου καὶ οὐσία αὐτὴ καθ'
b αὑτήν, ἔτι δὲ θαυμαστοτέρου τοῦ εὑρήσοντος καὶ
ἄλλον δυνησομένου διδάξαι ταῦτα πάντα ἱκανῶς
διευκρινησάμενον. συγχωρῶ σοι, ἔφη, ὦ Παρ-
μενίδη, ὁ Σωκράτης· πάνυ γάρ μοι κατὰ νοῦν
λέγεις. ἀλλὰ μέντοι, εἶπεν ὁ Παρμενίδης, εἴ γέ

11. With-
out εἴδη,
there can
be no phi-
losophy.

τις δή, ὦ Σώκρατες, αὖ μὴ ἐάσει εἴδη τῶν ὄντων
εἶναι, εἰς πάντα τὰ νῦν δὴ καὶ ἄλλα τοιαῦτα ἀπο-
βλέψας, μηδέ τι ὁριεῖται εἶδος ἑνὸς ἑκάστου, οὐδὲ
ὅποι τρέψει τὴν διάνοιαν ἕξει, μὴ ἐῶν ἰδέαν τῶν
ὄντων ἑκάστου τὴν αὐτὴν ἀεὶ εἶναι, καὶ οὕτως τὴν c
τοῦ διαλέγεσθαι δύναμιν παντάπασι διαφθερεῖ.
τοῦ τοιούτου μὲν οὖν μοι δοκεῖς καὶ μᾶλλον ἦσ-
θῆσθαι. ἀληθῆ λέγεις, φάναι.

12. Par-
menides
expounds
the Method
of philoso-
phizing:
every hy-
pothesis
should be
argued
affirma-
tively, i. e.
supposing
it to be
true, and
negatively,
i. e. sup-
posing
it to be not
true, and
the conse-
quences
negative
and posi-
tive should
be com-
pared.
Socrates,
continues
Parme-
nides, had
rightly
conceived
that the
difficulties
arising
from In-
compati-
bilities lay
in the
region of
εἴδη, and
not in the
region of

τί οὖν ποιήσεις φιλοσοφίας πέρι; ποῖ τρέψει
ἀγνοουμένων τούτων; οὐ πάνυ μοι δοκῶ καθορᾶν
ἔν γε τῷ παρόντι. πρῷ γάρ, εἰπεῖν, πρὶν γυμνασ-
θῆναι, ὦ Σώκρατες, ὁρίζεσθαι ἐπιχειρεῖς Καλόν τε τί
καὶ Δίκαιον καὶ Ἀγαθὸν καὶ ἓν ἕκαστον τῶν εἰδῶν·
ἐνενόησα γὰρ καὶ πρῴην σου ἀκούων διαλεγομένου d
ἐνθάδε Ἀριστοτέλει τῷδε. καλὴ μὲν οὖν καὶ θεία,
εὖ ἴσθι, ἡ ὁρμή, ἣν ὁρμᾷς ἐπὶ τοὺς λόγους· ἕλκυσον
δὲ σαυτὸν καὶ γύμνασαι μᾶλλον διὰ τῆς δοκούσης
ἀχρήστου εἶναι καὶ καλουμένης ὑπὸ τῶν πολλῶν
ἀδολεσχίας, ἕως ἔτι νέος εἶ· εἰ δὲ μή, σὲ δια-
φεύξεται ἡ ἀλήθεια. τίς οὖν ὁ τρόπος, φάναι, ὦ
Παρμενίδη, τῆς γυμνασίας; οὗτος, εἰπεῖν, ὅνπερ
ἤκουσας Ζήνωνος. πλὴν τοῦτό γέ σου καὶ πρὸς
τοῦτον ἠγάσθην εἰπόντος, ὅτι οὐκ εἴας ἐν τοῖς e
ὁρωμένοις οὐδὲ περὶ ταῦτα τὴν πλάνην ἐπισκοπεῖν,
ἀλλὰ περὶ ἐκεῖνα ἃ μάλιστά τις ἂν λόγῳ λάβοι
καὶ εἴδη ἂν ἡγήσαιτο εἶναι. δοκεῖ γάρ μοι, ἔφη,
ταύτῃ γε οὐδὲν χαλεπὸν εἶναι καὶ ὅμοια καὶ ἀνόμοια
καὶ ἄλλο ὁτιοῦν τὰ ὄντα πάσχοντα ἀποφαίνειν.
καὶ καλῶς γ᾽, ἔφη. χρὴ δὲ καὶ τόδε ἔτι πρὸς
τούτῳ ποιεῖν, μὴ μόνον εἰ ἔστιν ἕκαστον ὑποτιθέ-
μενον σκοπεῖν τὰ ξυμβαίνοντα ἐκ τῆς ὑποθέσεως, 136

ἀλλὰ καὶ εἰ μὴ ἔστι τὸ αὐτὸ τοῦτο ὑποτίθεσθαι,
εἰ βούλει μᾶλλον γυμνασθῆναι. πῶς λέγεις; φάναι.
οἷον, ἔφη, εἰ βούλει περὶ ταύτης τῆς ὑποθέσεως,
ἣν Ζήνων ὑπέθετο, εἰ πολλά ἐστι, τί χρὴ ξυμ-
βαίνειν καὶ αὐτοῖς τοῖς Πολλοῖς πρὸς αὑτὰ καὶ
πρὸς τὸ Ἕν καὶ τῷ Ἑνὶ πρός τε αὑτὸ καὶ πρὸς
τὰ Πολλά· καὶ αὖ εἰ μή ἐστι πολλά, πάλιν σκοπεῖν
τί ξυμβήσεται καὶ τῷ Ἑνὶ καὶ τοῖς Πολλοῖς καὶ
b πρὸς αὑτὰ καὶ πρὸς ἄλληλα· καὶ αὖθις αὖ ἐὰν
ὑποθῇ, εἰ ἔστιν Ὁμοιότης ἢ εἰ μὴ ἔστι, τί ἐφ᾽
ἑκατέρας τῆς ὑποθέσεως ξυμβήσεται καὶ αὐτοῖς
τοῖς ὑποτεθεῖσι καὶ τοῖς ἄλλοις καὶ πρὸς αὑτὰ καὶ
πρὸς ἄλληλα. καὶ περὶ Ἀνομοίου ὁ αὐτὸς λόγος,
καὶ περὶ Κινήσεως καὶ Στάσεως, καὶ περὶ Γενέσεως
καὶ Φθορᾶς, καὶ περὶ αὐτοῦ τοῦ Εἶναι καὶ τοῦ μὴ
Εἶναι· καὶ ἑνὶ λόγῳ, περὶ ὅτου ἂν ἀεὶ ὑποθῇ ὡς
ὄντος καὶ ὡς οὐκ ὄντος καὶ ὁτιοῦν ἄλλο πάθος
πάσχοντος, δεῖ σκοπεῖν τὰ ξυμβαίνοντα πρὸς αὑτὸ
c καὶ πρὸς ἓν ἕκαστον τῶν ἄλλων, ὅ τι ἂν προέλῃ,
καὶ πρὸς πλείω καὶ πρὸς ξύμπαντα ὡσαύτως· καὶ
τἆλλα αὖ πρὸς αὑτά τε καὶ πρὸς ἄλλο ὅ τι ἂν
προαιρῇ ἀεί, ἐάν τε ὡς ὂν ὑποθῇ ὃ ὑπετίθεσο,
ἐάν τε ὡς μὴ ὄν, εἰ μέλλεις τελέως γυμνασάμενος
κυρίως διόψεσθαι τὸ ἀληθές. ἀμήχανον, ἔφη, λέγεις,
ὦ Παρμενίδη, πραγματείαν, καὶ οὐ σφόδρα μαν-
θάνω· ἀλλά μοι τί οὐ διῆλθες αὐτὸς ὑποθέμενός
d τι, ἵνα μᾶλλον καταμάθω; πολὺ ἔργον, φάναι, ὦ
Σώκρατες, προστάττεις ὡς τηλικῷδε. ἀλλὰ σύ,
εἰπεῖν τὸν Σωκράτη, Ζήνων, τί οὐ διῆλθες ἡμῖν;
καὶ τὸν Ζήνωνα ἔφη γελάσαντα φάναι, αὐτοῦ, ὦ
Σώκρατες, δεώμεθα Παρμενίδου· μὴ γὰρ οὐ φαῦλον

c

πολλαχοῦ ἂν αὐτοῦ ἅπτοιτο πολλοῖς· τοῦ δὲ ἑνός
τε καὶ ἀμεροῦς καὶ κύκλου μὴ μετέχοντος ἀδύνατον
πολλαχῇ κύκλῳ ἅπτεσθαι. ἀδύνατον. ἀλλὰ μὴν
αὐτό γε ἐν ἑαυτῷ ὂν κἂν ἑαυτὸ εἴη περιέχον οὐκ
ἄλλο ἢ αὐτό, εἴπερ καὶ ἐν ἑαυτῷ εἴη· ἕν τῳ γάρ b
τι εἶναι μὴ περιέχοντι ἀδύνατον. ἀδύνατον γάρ.
οὐκοῦν ἕτερον μὲν ἄν τι εἴη αὐτὸ τὸ περιέχον,
ἕτερον δὲ τὸ περιεχόμενον· οὐ γὰρ ὅλον γε ἄμφω
ταὐτὸν ἅμα πείσεται καὶ ποιήσει· καὶ οὕτω Τὸ
Ἒν οὐκ ἂν εἴη ἔτι ἓν ἀλλὰ δύο. οὐ γὰρ οὖν.
οὐκ ἄρα ἐστί που Τὸ Ἒν, μήτε ἐν ἑαυτῷ μήτε ἐν
ἄλλῳ ἐνόν. οὐκ ἔστιν. (7) ὅρα δή, οὕτως ἔχον
εἰ οἷόν τέ ἐστιν ἑστάναι ἢ κινεῖσθαι. τί δὴ γὰρ
οὔ; ὅτι κινούμενόν γε ἢ φέροιτο ἢ ἀλλοιοῖτο ἄν·
αὗται γὰρ μόναι κινήσεις. ναί. ἀλλοιούμενον δὲ c
Τὸ Ἒν ἑαυτοῦ ἀδύνατόν που ἓν ἔτι εἶναι. ἀδύνατον.
οὐκ ἄρα κατ' ἀλλοίωσίν γε κινεῖται. οὐ φαίνεται.
ἀλλ' ἆρα τῷ φέρεσθαι; ἴσως. καὶ μὴν εἰ φέροιτο
τὸ ἕν, ἤτοι ἐν τῷ αὐτῷ ἂν περιφέροιτο κύκλῳ ἢ
μεταλλάττοι χώραν ἑτέραν ἐξ ἑτέρας. ἀνάγκη.
οὐκοῦν κύκλῳ μὲν περιφερόμενον ἐπὶ μέσου βε-
βηκέναι ἀνάγκη, καὶ τὰ περὶ τὸ μέσον φερόμενα
ἄλλα μέρη ἔχειν ἑαυτοῦ· ᾧ δὲ μήτε μέσου μήτε d
μερῶν προσήκει, τίς μηχανὴ τοῦτο κύκλῳ ποτὲ
ἐπὶ τοῦ μέσου ἐνεχθῆναι; οὐδεμία. ἀλλὰ δὴ χώραν
ἀμεῖβον ἄλλοτ' ἄλλοθι γίγνεται καὶ οὕτω κινεῖται;
εἴπερ γε δή. οὐκοῦν εἶναι μέν που ἔν τινι αὐτὸ
ἀδύνατον ἐφάνη; ναί. ἆρ' οὖν γίγνεσθαι ἔτι ἀδυ-
νατώτερον; οὐκ ἐννοῶ ὅπῃ. εἰ ἔν τῳ τι γίγνεται,
οὐκ ἀνάγκη μήτε πω ἐν ἐκείνῳ εἶναι ἔτι ἐγγιγνό-
μενον, μήτ' ἔτι ἔξω ἐκείνου παντάπασιν, εἴπερ δὴ

(7) has no
stationary
state, has
no motion-
ary state—
either by
way of—(a)
ἀλλοίωσις,
modifica-
tion, or (β)
τὸ φέρεσ-
θαι, motion,
either cir-
cular, or
progres-
sive, or
qualita-
tive;

ἐγγίγνεται; ἀνάγκη. εἰ ἄρα τι ἄλλο πείσεται
e τοῦτο, ἐκεῖνο ἂν μόνον πάσχοι οὗ μέρη εἴη· τὸ
μὲν γὰρ ἄν τι αὐτοῦ ἤδη ἐν ἐκείνῳ, τὸ δὲ ἔξω εἴη
ἅμα· τὸ δὲ μὴ ἔχον μέρη οὐχ οἷόν τέ που ἔσται
τρόπῳ οὐδενὶ ὅλον ἅμα μήτε ἐντὸς εἶναι τινὸς μήτε
ἔξω. ἀληθῆ. οὗ δὲ μήτε μέρη εἰσὶ μήθ᾽ ὅλον
τυγχάνει ὄν, οὐ πολὺ ἔτι ἀδυνατώτερον ἐγγίγνεσθαί
που, μήτε κατὰ μέρη μήτε κατὰ ὅλον ἐγγιγνόμενον;
139 φαίνεται. οὔτ᾽ ἄρα ποι ἰὸν καὶ ἔν τῳ γιγνόμενον
χώραν ἀλλάττει, οὔτ᾽ ἐν τῷ αὐτῷ περιφερόμενον,
οὔτε ἀλλοιούμενον. οὐκ ἔοικεν. κατὰ πᾶσαν ἄρα
κίνησιν Τὸ Ἓν ἀκίνητον. ἀκίνητον. ἀλλὰ μὴν καὶ
εἶναί γέ φαμεν ἔν τινι αὐτὸ ἀδύνατον. φαμὲν γάρ.
οὐδ᾽ ἄρα ποτὲ ἐν τῷ αὐτῷ ἐστίν. τί δή; ὅτι ἤδη ἂν
ἐν ἐκείνῳ εἴη ἐν ᾧ τῷ αὐτῷ ἐστίν. πάνυ μὲν οὖν.
ἀλλ᾽ οὔτε ἐν ἑαυτῷ οὔτε ἐν ἄλλῳ οἷόν τε ἦν αὐτῷ
ἐνεῖναι. οὐ γὰρ οὖν. οὐδέποτε ἄρα ἐστὶ Τὸ Ἓν
b ἐν τῷ αὐτῷ. οὐκ ἔοικεν. ἀλλὰ μὴν τό γε μηδέποτε
ἐν τῷ αὐτῷ ὂν οὔθ᾽ ἡσυχίαν ἄγει οὔθ᾽ ἕστηκεν.
οὐ γὰρ οἷόν τε. Τὸ Ἓν ἄρα, ὡς ἔοικεν, οὔθ᾽
ἕστηκεν οὔτε κινεῖται. οὔκουν δὴ φαίνεταί γε. (8) has no
(8) οὐδὲ μὴν ταὐτόν γε οὔθ᾽ ἑτέρῳ οὔτε ἑαυτῷ Identity,
therefore
ἔσται, οὐδ᾽ αὖ ἕτερον οὔτε αὐτοῦ οὔτε ἑτέρου no Diver-
sity; no
ἂν εἴη. τί δή; ἕτερον μέν που ἑαυτοῦ ὂν ἑνὸς Similarity,
therefore
ἕτερον ἂν εἴη καὶ οὐκ ἂν εἴη ἕν. ἀληθῆ. καὶ no Dis-
similarity;
μὴν ταὐτόν γε ἑτέρῳ ὂν ἐκεῖνο ἂν εἴη, αὐτὸ
c δ᾽ οὐκ ἂν εἴη· ὥστε οὐδ᾽ ἂν οὕτως εἴη ὅπερ
ἔστιν, ἕν, ἀλλ᾽ ἕτερον ἑνός. οὐ γὰρ οὖν. ταὐτὸν
μὲν ἄρα ἑτέρῳ ἢ ἕτερον ἑαυτοῦ οὐκ ἔσται. οὐ
γάρ. ἕτερον δέ γε ἑτέρου οὐκ ἔσται, ἕως ἂν ᾖ
ἕν. οὐ γὰρ ἑνὶ προσήκει ἑτέρῳ τινὸς εἶναι, ἀλλὰ

μόνῳ ἑτέρῳ, ἄλλῳ δὲ οὐδενί. ὀρθῶς. τῷ μὲν
ἄρα ἓν εἶναι οὐκ ἔσται ἕτερον· ἢ οἴει; οὐ δῆτα. d
ἀλλὰ μὴν εἰ μὴ τούτῳ, οὐχ ἑαυτῷ ἔσται· εἰ δὲ
μὴ αὑτῷ, οὐδὲ αὐτό· αὐτὸ δὲ μηδαμῇ ὂν ἕτερον
οὐδενὸς ἔσται ἕτερον. ὀρθῶς. οὐδὲ μὴν ταὐτὸν
ἑαυτῷ ἔσται. πῶς δ᾽ οὔ; οὐχ ἥπερ Τοῦ Ἑνὸς
φύσις, αὕτη δήπου καὶ Τοῦ Ταὐτοῦ. τί δή; ὅτι
οὐκ ἐπειδὰν ταὐτὸν γένηταί τῴ τι, ἓν γίγνεται.
ἀλλὰ τί μήν; Τοῖς Πολλοῖς ταὐτὸν γενόμενον πολλὰ
ἀνάγκη γίγνεσθαι, ἀλλ᾽ οὐχ ἕν. ἀληθῆ. ἀλλ᾽ εἰ
Τὸ Ἓν καὶ Τὸ Ταὐτὸν μηδαμῇ διαφέρει, ὁπότε τι
ταὐτὸν ἐγίγνετο, ἀεὶ ἂν ἓν ἐγίγνετο, καὶ ὁπότε ἕν,
ταὐτόν. πάνυ γε. εἰ ἄρα Τὸ Ἓν ἑαυτῷ ταὐτὸν e
ἔσται, οὐχ ἓν ἑαυτῷ ἔσται· καὶ οὕτως ἓν ὂν οὐχ
ἓν ἔσται· ἀλλὰ μὴν τοῦτό γε ἀδύνατον· ἀδύνατον
ἄρα καὶ Τῷ Ἑνὶ ἢ ἑτέρου ἕτερον εἶναι ἢ ἑαυτῷ
ταὐτόν. ἀδύνατον. οὕτω δὴ ἕτερόν γε ἢ ταὐτὸν
Τὸ Ἓν οὔτ᾽ ἂν αὑτῷ οὔτ᾽ ἂν ἑτέρῳ εἴη. οὐ γὰρ
οὖν. οὐδὲ μὴν ὅμοιόν τινι ἔσται οὐδ᾽ ἀνόμοιον
οὔθ᾽ ἑαυτῷ οὔθ᾽ ἑτέρῳ. τί δή; ὅτι τὸ ταὐτόν που
πεπονθὸς ὅμοιον. ναί. Τοῦ δέ γε Ἑνὸς χωρὶς
ἐφάνη τὴν φύσιν Τὸ Ταὐτόν. ἐφάνη γάρ. ἀλλὰ 140
μὴν εἴ τι πέπονθε χωρὶς τοῦ ἓν εἶναι Τὸ Ἓν, πλείω
ἂν εἶναι πεπόνθοι ἢ ἕν· τοῦτο δὲ ἀδύνατον. ναί.
οὐδαμῶς ἔστιν ἄρα ταὐτὸν πεπονθὸς εἶναι Τὸ Ἓν
οὔτε ἄλλῳ οὔθ᾽ ἑαυτῷ. οὐ φαίνεται. οὐδὲ ὅμοιον
ἄρα δυνατὸν αὐτὸ εἶναι οὔτε ἄλλῳ οὔθ᾽ ἑαυτῷ. οὐκ
ἔοικεν. οὐδὲ μὴν ἕτερόν γε πέπονθεν εἶναι Τὸ Ἓν·
καὶ γὰρ οὕτω πλείω ἂν πεπόνθοι εἶναι ἢ ἕν. πλείω
γάρ. τό γε μὴν ἕτερον πεπονθὸς ἢ ἑαυτοῦ ἢ ἄλλου
ἀνόμοιον ἂν εἴη ἢ ἑαυτῷ ἢ ἄλλῳ, εἴπερ τὸ ταὐτὸν b

πεπονθὸς ὅμοιον. ὀρθῶς. Τὸ δέ γε Ἕν, ὡς ἔοικεν,
οὐδαμῶς ἕτερον πεπονθὸς οὐδαμῶς ἀνόμοιόν ἐστιν
οὔθ᾽ ἑαυτῷ οὔθ᾽ ἑτέρῳ. οὐ γὰρ οὖν. οὔτε ἄρα
ὅμοιον οὔτε ἀνόμοιον οὔθ᾽ ἑτέρῳ οὔτε ἑαυτῷ ἂν εἴη
Τὸ Ἕν. οὐ φαίνεται. (9) καὶ μὴν τοιοῦτόν γε ὂν
οὔτε ἴσον οὔτε ἄνισον ἔσται οὔτε ἑαυτῷ οὔτε ἄλλῳ.
πῇ; ἴσον μὲν ὂν τῶν αὐτῶν μέτρων ἔσται ἐκείνῳ ᾧ
ἂν ἴσον ᾖ. ναί. μεῖζον δέ που ἢ ἔλαττον ὄν, οἷς
c μὲν ἂν ξύμμετρον ᾖ, τῶν μὲν ἐλαττόνων πλείω
μέτρα ἕξει, τῶν δὲ μειζόνων ἐλάττω. ναί. οἷς δ᾽
ἂν μὴ σύμμετρον, τῶν μὲν σμικροτέρων, τῶν δὲ
μειζόνων μέτρων ἔσται. πῶς γὰρ οὔ; οὐκοῦν
ἀδύνατον τὸ μὴ μετέχον Τοῦ Αὐτοῦ ἢ μέτρων τῶν
αὐτῶν εἶναι ἢ ἄλλων ὡντινωνοῦν τῶν αὐτῶν; ἀδύνα-
τον. ἴσον μὲν ἄρα οὔτ᾽ ἂν ἑαυτῷ οὔτε ἄλλῳ εἴη,
μὴ τῶν αὐτῶν μέτρων ὄν. οὔκουν φαίνεταί γε.
ἀλλὰ μὴν πλειόνων γε μέτρων ὂν ἢ ἐλαττόνων,
d ὅσωνπερ μέτρων, τοσούτων καὶ μερῶν ἂν εἴη· καὶ
οὕτως αὖ οὐκέτι ἓν ἔσται, ἀλλὰ τοσαῦτα ὅσαπερ
καὶ τὰ μέτρα. ὀρθῶς. εἰ δέ γε ἑνὸς μέτρου εἴη,
ἴσον ἂν γίγνοιτο τῷ μέτρῳ· τοῦτο δὲ ἀδύνατον
ἐφάνη, ἴσον τῳ αὐτὸ εἶναι. ἐφάνη γάρ. οὔτε ἄρα
ἑνὸς μέτρου μετέχον οὔτε πολλῶν οὔτε ὀλίγων, οὔτε
τὸ παράπαν Τοῦ Αὐτοῦ μετέχον, οὔτε ἑαυτῷ ποτε, ὡς
ἔοικεν, ἔσται ἴσον οὔτε ἄλλῳ· οὐδ᾽ αὖ μεῖζον οὐδὲ
ἔλαττον οὔτε ἑαυτοῦ οὔθ᾽ ἑτέρου. παντάπασι μὲν
e οὖν οὕτως. (10) τί δέ; πρεσβύτερον ἢ νεώτερον ἢ
τὴν αὐτὴν ἡλικίαν ἔχειν Τὸ Ἕν δοκεῖ τῳ δυνατὸν
εἶναι; τί δὴ γὰρ οὔ; ὅτι που ἡλικίαν μὲν τὴν
αὐτὴν ἔχον ἢ αὑτῷ ἢ ἄλλῳ ἰσότητος χρόνου καὶ
ὁμοιότητος μεθέξει, ὧν ἐλέγομεν οὐ μετεῖναι Τῷ

(9) no mode
of Quan-
tity, either
Equality,
or In-
equality, or
Excess;
therefore
no Defect;

(10) no
mode of
Time;

Ἑνί, οὔθ᾽ ὁμοιότητος οὔτε ἰσότητος. ἐλέγομεν γὰρ
οὖν. καὶ μὴν καὶ ὅτι ἀνομοιότητός τε καὶ ἀνισότη-
τος οὐ μετέχει, καὶ τοῦτο ἐλέγομεν. πάνυ μὲν οὖν.
πῶς οὖν οἷόν τε ἔσται τινὸς ἢ πρεσβύτερον ἢ νεώτε- 141
ρον εἶναι, ἢ τὴν αὐτὴν ἡλικίαν ἔχειν τῳ, τοιοῦτον ὄν;
οὐδαμῶς. οὐκ ἄρ᾽ ἂν εἴη νεώτερον οὐδὲ πρεσβύτε-
ρον οὐδὲ τὴν αὐτὴν ἡλικίαν ἔχον Τὸ Ἓν οὔτε αὑτῷ
οὔτε ἄλλῳ. οὐ φαίνεται. ἆρ᾽ οὖν οὐδὲ ἐν χρόνῳ τὸ
παράπαν δύναιτ᾽ ἂν εἶναι Τὸ Ἓν, εἰ τοιοῦτον εἴη;
ἢ οὐκ ἀνάγκη, ἐάν τι ᾖ ἐν χρόνῳ, ἀεὶ αὐτὸ αὑτοῦ
πρεσβύτερον γίγνεσθαι; ἀνάγκη. οὐκοῦν τό γε
πρεσβύτερον ἀεὶ νεωτέρου πρεσβύτερον; τί μήν;
τὸ πρεσβύτερον ἄρα ἑαυτοῦ γιγνόμενον καὶ νεώτε- b
ρον ἑαυτοῦ ἅμα γίγνεται, εἴπερ μέλλει ἔχειν ὅτου
πρεσβύτερον γίγνεται. πῶς λέγεις; ὧδε· διά-
φορον ἕτερον ἑτέρου οὐδὲν δεῖ γίγνεσθαι ἤδη ὄντος
διαφόρου, ἀλλὰ τοῦ μὲν ἤδη ὄντος ἤδη εἶναι, τοῦ
δὲ γεγονότος γεγονέναι, τοῦ δὲ μέλλοντος μέλλειν,
τοῦ δὲ γιγνομένου οὔτε γεγονέναι οὔτε μέλλειν οὔτε
εἶναί πω διάφορον, ἀλλὰ γίγνεσθαι καὶ ἄλλως οὐκ
εἶναι. ἀνάγκη γάρ. ἀλλὰ μὴν τό γε πρεσβύτερον c
διαφορότης νεωτέρου ἐστὶ καὶ οὐδενὸς ἄλλου. ἔστι
γάρ. τὸ ἄρα πρεσβύτερον ἑαυτοῦ γιγνόμενον ἀνά-
γκη καὶ νεώτερον ἅμα ἑαυτοῦ γίγνεσθαι. ἔοικεν.
ἀλλὰ μὴν καὶ μήτε πλείω ἑαυτοῦ γίγνεσθαι χρόνον
μήτ᾽ ἐλάττω, ἀλλὰ τὸν ἴσον χρόνον καὶ γίγνεσθαι
ἑαυτῷ καὶ εἶναι καὶ γεγονέναι καὶ μέλλειν ἔσεσθαι.
ἀνάγκη γὰρ οὖν καὶ ταῦτα. ἀνάγκη ἄρα ἐστίν, ὡς
ἔοικεν, ὅσα γε ἐν χρόνῳ ἐστὶ καὶ μετέχει τοῦ τοιού- d
του, ἕκαστον αὐτῶν τὴν αὐτήν τε αὐτὸ αὑτῷ ἡλικίαν
ἔχειν καὶ πρεσβύτερόν τε αὑτοῦ ἅμα καὶ νεώτερον

γίγνεσθαι. κινδυνεύει. ἀλλὰ μὴν Τῷ γε Ἑνὶ τῶν
τοιούτων παθημάτων οὐδὲν μετῆν. οὐ γὰρ μετῆν.
οὐδὲ ἄρα χρόνου αὐτῷ μέτεστιν, οὐδ᾽ ἔστιν ἔν τινι
χρόνῳ. οὔκουν δή, ὥς γε ὁ λόγος αἱρεῖ. (11) τί
οὖν; τὸ ἦν καὶ τὸ γέγονε καὶ τὸ ἐγίγνετο οὐ χρόνου
μέθεξιν δοκεῖ σημαίνειν τοῦ ποτὲ γεγονότος; καὶ
e μάλα. τί δέ; τὸ ἔσται καὶ τὸ γενήσεται καὶ τὸ
γενηθήσεται οὐ τοῦ ἔπειτά που μέλλοντος; ναί.
τὸ δὲ δὴ ἔστι καὶ τὸ γίγνεται οὐ τοῦ νῦν παρόντος;
πάνυ μὲν οὖν. εἰ ἄρα Τὸ Ἓν μηδαμῇ μηδενὸς
μετέχει χρόνου, οὔτε ποτὲ γεγόνει οὔτ᾽ ἐγίγνετο
οὔτ᾽ ἦν ποτέ, οὔτε νῦν γέγονεν οὔτε γίγνεται οὔτ᾽
ἔστιν, οὔτ᾽ ἔπειτα γενήσεται οὔτε γενηθήσεται οὔτ᾽
ἔσται. ἀληθέστατα. ἔστιν οὖν οὐσίας ὅπως ἄν
τι μετάσχοι ἄλλως ἢ κατὰ τούτων τι; οὐκ ἔστιν.
οὐδαμῶς ἄρα Τὸ Ἓν οὐσίας μετέχει. οὐκ ἔοικεν.
οὐδαμῶς ἄρα ἔστι Τὸ Ἓν. οὐ φαίνεται. οὐδ᾽ ἄρα
οὕτως ἔστιν ὥστε ἓν εἶναι· εἴη γὰρ ἂν ἤδη ὂν καὶ
οὐσίας μετέχον· ἀλλ᾽ ὡς ἔοικε, Τὸ Ἓν οὔτε ἕν ἐστιν
οὔτε ἔστιν, εἰ δεῖ τῷ τοιῷδε λόγῳ πιστεύειν. κιν-
142 δυνεύει. (12) ὃ δὲ μὴ ἔστι, τούτῳ τῷ μὴ ὄντι εἴη
ἄν τι ἢ αὐτῷ ἢ αὐτοῦ; καὶ πῶς; οὐδ᾽ ἄρα ὄνομα
ἔστιν αὐτῷ οὐδὲ λόγος οὐδέ τις ἐπιστήμη οὐδὲ
αἴσθησις οὐδὲ δόξα. οὐ φαίνεται. οὐδ᾽ ὀνομάζε-
ται ἄρα οὐδὲ λέγεται οὐδὲ δοξάζεται οὐδὲ γιγνώ-
σκεται, οὐδέ τι τῶν ὄντων αὐτοῦ αἰσθάνεται. οὐκ
ἔοικεν. ἦ δυνατὸν οὖν περὶ Τὸ Ἓν ταῦθ᾽ οὕτως
ἔχειν; οὔκουν ἔμοιγε δοκεῖ.
b βούλει οὖν ἐπὶ τὴν ὑπόθεσιν πάλιν ἐξ ἀρχῆς
ἐπανέλθωμεν, ἐάν τι ἡμῖν ἐπανιοῦσιν ἀλλοῖον φανῇ;
πάνυ μὲν οὖν βούλομαι. οὐκοῦν ἓν εἰ ἔστι,

(11) no Production, nor Existence;

(12) no logical accident either of Name or Definition; and no psychological correlative, either as Notion, Perception, or Conception. This conclusion is rejected.

The meaning of the Second Hypothesis.

φαμέν, τὰ συμβαίνοντα περὶ αὐτοῦ, ποῖά ποτε τυγχάνει ὄντα, διομολογητέα ταῦτα· οὐχ οὕτως; ναί. ὅρα δὴ ἐξ ἀρχῆς. ἓν εἰ ἔστιν, ἆρα οἷόν τε αὐτὸ εἶναι μέν, οὐσίας δὲ μὴ μετέχειν; οὐχ οἷόν τε. οὐκοῦν καὶ ἡ οὐσία Τοῦ Ἑνὸς εἴη ἄν, οὐ ταὐτὸν οὖσα Τῷ Ἑνί; οὐ γὰρ ἂν ἐκείνη ἦν ἐκείνου οὐσία, οὐδ᾽ ἂν ἐκεῖνο Τὸ Ἓν ἐκείνης μετεῖχεν, ἀλλ᾽ ὅμοιον ἂν ἦν λέγειν ἕν τε εἶναι καὶ ἓν ἕν. νῦν δὲ οὐχ c αὕτη ἐστὶν ἡ ὑπόθεσις, εἰ ἓν ἕν, τί χρὴ ξυμβαίνειν, ἀλλ᾽ εἰ ἓν ἔστιν· οὐχ οὕτως; πάνυ μὲν οὖν. οὐκοῦν ὡς ἄλλο τι σημαῖνον τὸ ἔστι τοῦ ἕν; ἀνάγκη. ἆρ᾽ οὖν ἄλλο ἢ ὅτι οὐσίας μετέχει Τὸ Ἕν, τοῦτ᾽ ἂν εἴη τὸ λεγόμενον, ἐπειδάν τις συλλήβδην εἴπῃ ὅτι ἓν ἔστιν; πάνυ γε.

II. The Second Hypothesis: ἓν εἰ ἔστι = εἰ Τὸ Ἕν ἔστιν ὄν = εἰ Τὸ Ἕν οὐσίας μετέχει, Τὸ Ἕν admits all contrary predicates.

(1) If the One exist, that is, participate in existence, then the One is infinite in quantity.

Πάλιν (1) δὴ λέγωμεν, ἓν εἰ ἔστι, τί συμβήσεται. σκόπει οὖν, εἰ οὐκ ἀνάγκη ταύτην τὴν ὑπόθεσιν τοιοῦτον ὂν Τὸ Ἕν σημαίνειν, οἷον μέρη ἔχειν; πῶς; ὧδε. εἰ τὸ ἔστι Τοῦ Ἑνὸς ὄντος λέγεται καὶ d Τὸ Ἓν τοῦ ὄντος ἑνός, ἔστι δὲ οὐ τὸ αὐτὸ Ἥ τε Οὐσία καὶ Τὸ Ἕν, τοῦ αὐτοῦ δὲ ἐκείνου, οὗ ὑπεθέμεθα, τοῦ ἑνὸς ὄντος, ἆρα οὐκ ἀνάγκη τὸ μὲν ὅλον ἓν ὂν εἶναι αὐτό, τούτου δὲ γίγνεσθαι μόρια Τό τε Ἓν καὶ Τὸ Εἶναι; ἀνάγκη. πότερον οὖν ἑκάτερον τῶν μορίων τούτων μόριον μόνον προσεροῦμεν, ἢ τοῦ ὅλου μόριον τό γε μόριον προσρητέον; τοῦ ὅλου. καὶ ὅλον ἄρα ἐστὶν ὃ ἂν ἓν ᾖ, καὶ μόριον ἔχει. πάνυ γε. τί οὖν; τῶν μορίων ἑκάτερον τούτων τοῦ Ἑνὸς ὄντος, τό τε ἓν καὶ τὸ ὄν, ἆρα e ἀπολείπεσθον ἢ Τὸ Ἓν Τοῦ Εἶναι μόριον ἢ Τὸ Ὃν Τοῦ Ἑνὸς μορίου; οὐκ ἂν εἴη. πάλιν ἄρα καὶ τῶν μορίων ἑκάτερον τό τε ἓν ἴσχει καὶ τὸ ὄν, καὶ

γίγνεται τὸ ἐλάχιστον ἐκ δυοῖν αὖ μορίοιν τὸ
μόριον, καὶ κατὰ τὸν αὐτὸν λόγον οὕτως ἀεί, ὅ τί
περ ἂν μόριον γένηται, τούτω τὼ μορίω ἀεὶ ἴσχει·
Τό τε γὰρ Ἕν Τὸ Ὂν ἀεὶ ἴσχει καὶ Τὸ Ὂν Τὸ Ἕν·
143 ὥστε ἀνάγκη δύ’ ἀεὶ γιγνόμενον μηδέποτε ἓν
εἶναι. παντάπασι μὲν οὖν. οὐκοῦν ἄπειρον ἂν τὸ
πλῆθος οὕτω Τὸ Ἕν ὂν εἴη; ἔοικεν. (2) ἴθι δὴ
καὶ τῇδε ἔτι. πῇ; οὐσίας φαμὲν μετέχειν Τὸ Ἕν,
διὸ ἔστιν; ναί. καὶ διὰ ταῦτα δὴ Τὸ Ἕν ὂν πολλὰ
ἐφάνη. οὕτως. τί δέ; αὐτὸ Τὸ Ἕν, ὃ δή φαμεν
οὐσίας μετέχειν, ἐὰν αὐτὸ τῇ διανοίᾳ μόνον καθ’
αὑτὸ λάβωμεν ἄνευ τούτου οὗ φαμὲν μετέχειν, ἆρά
γε ἓν μόνον φανήσεται ἢ καὶ πολλὰ τὸ αὐτὸ τοῦτο;
b ἕν, οἶμαι ἔγωγε. ἴδωμεν δή· ἄλλο τι ἕτερον μὲν
ἀνάγκη τὴν οὐσίαν αὐτοῦ εἶναι, ἕτερον δὲ αὐτό;
εἴπερ μὴ Οὐσία Τὸ Ἕν, ἀλλ’ ὡς ἓν οὐσίας μετέσχεν.
ἀνάγκη. οὐκοῦν εἰ ἕτερον μὲν Ἡ Οὐσία, ἕτερον δὲ
Τὸ Ἕν, οὔτε τῷ ἓν Τὸ Ἕν Τῆς Οὐσίας ἕτερον οὔτε
τῷ οὐσία εἶναι Ἡ Οὐσία Τοῦ Ἑνὸς ἄλλο, ἀλλὰ Τῷ
Ἑτέρῳ τε καὶ Ἄλλῳ ἕτερα ἀλλήλων. πάνυ μὲν
οὖν. ὥστε οὐ ταὐτόν ἐστιν οὔτε Τῷ Ἑνὶ οὔτε Τῇ
Οὐσίᾳ Τὸ Ἕτερον. πῶς γάρ; τί οὖν; ἐὰν προελώ-
c μεθα αὐτῶν εἴτε βούλει Τὴν Οὐσίαν καὶ Τὸ Ἕτερον
εἴτε Τὴν Οὐσίαν καὶ Τὸ Ἕν εἴτε Τὸ Ἕν καὶ Τὸ
Ἕτερον, ἆρ’ οὐκ ἐν ἑκάστῃ τῇ προαιρέσει προαιρού-
μεθά τινε ὢ ὀρθῶς ἔχει καλεῖσθαι ἀμφοτέρω; πῶς;
ὧδε· ἔστιν οὐσίαν εἰπεῖν; ἔστιν. καὶ αὖθις εἰπεῖν
ἕν; καὶ τοῦτο. ἆρ’ οὖν οὐχ ἑκάτερον αὐτοῖν
εἴρηται; ναί. τί δ’ ὅταν εἴπω οὐσία τε καὶ ἕν,
ἄρα οὐκ ἀμφοτέρω; πάνυ γε. οὐκοῦν καὶ ἐὰν
οὐσία τε καὶ ἕτερον ἢ ἕτερόν τε καὶ ἕν, καὶ οὕτω

(2) If the
One parti-
cipate in
Existence,
Number
must exist.

πανταχῶς ἐφ' ἑκάστου ἄμφω λέγω; ναί. ᾧ δ' ἂν d
ἄμφω ὀρθῶς προσαγορεύησθον, ἆρα οἷόν τε ἄμφω
μὲν αὐτὼ εἶναι, δύο δὲ μή; οὐχ οἷόν τε. ᾧ δ' ἂν
δύο ἦτον, ἔστι τις μηχανὴ μὴ οὐχ ἑκάτερον αὐτοῖν
ἓν εἶναι; οὐδεμία. τούτων ἄρα ἐπείπερ σύνδυο
ἕκαστα ξυμβαίνει εἶναι, καὶ ἓν ἂν εἴη ἕκαστον.
φαίνεται. εἰ δὲ ἓν ἕκαστον αὐτῶν ἐστί, συντε-
θέντος ἑνὸς ὁποιουοῦν ᾑτινιοῦν συζυγίᾳ οὐ τρία
γίγνεται τὰ πάντα; ναί. τρία δὲ οὐ περιττά, καὶ
δύο ἄρτια; πῶς δ' οὔ; τί δέ; δυοῖν ὄντοιν οὐκ
ἀνάγκη εἶναι καὶ δίς, καὶ τριῶν ὄντων τρίς, εἴπερ e
ὑπάρχει τῷ τε δύο τὸ δὶς ἓν καὶ τῷ τρία τὸ τρὶς
ἕν; ἀνάγκη. δυοῖν δὲ ὄντοιν καὶ δὶς οὐκ ἀνάγκη
δύο δὶς εἶναι; καὶ τριῶν καὶ τρὶς οὐκ ἀνάγκη αὖ
τρία τρὶς εἶναι; πῶς δ' οὔ; τί δέ; τριῶν ὄντων
καὶ δὶς ὄντων, καὶ δυοῖν ὄντοιν καὶ τρὶς ὄντοιν, οὐκ
ἀνάγκη τε τρία δὶς εἶναι καὶ δύο τρίς; πολλή γε.
ἀρτιά τε ἄρα ἀρτιάκις ἂν εἴη καὶ περιττὰ περιττάκις
καὶ ἄρτια περιττάκις καὶ περιττὰ ἀρτιάκις. ἔστιν 144
οὕτως. εἰ οὖν ταῦτα οὕτως ἔχει, οἴει τινὰ ἀριθμὸν
ὑπολείπεσθαι, ὃν οὐκ ἀνάγκη εἶναι; οὐδαμῶς
γε. εἰ ἄρα ἔστιν ἕν, ἀνάγκη καὶ ἀριθμὸν εἶναι.
ἀνάγκη. (3) ἀλλὰ μὴν ἀριθμοῦ γε ὄντος πόλλ' ἂν

(3) If
Number
participate
in Exist-
ence,
Existence
is distribu-
table to
Infinity.

εἴη καὶ πλῆθος ἄπειρον τῶν ὄντων· ἢ οὐκ ἄπειρος
ἀριθμὸς πλήθει καὶ μετέχων οὐσίας γίγνεται; καὶ
πάνυ γε. οὐκοῦν εἰ πᾶς ἀριθμὸς οὐσίας μετέχει,
καὶ τὸ μόριον ἕκαστον τοῦ ἀριθμοῦ μετέχοι ἂν
αὐτῆς; ναί. ἐπὶ πάντα ἄρα πολλὰ ὄντα Ἡ Οὐσία b
νενέμηται καὶ οὐδενὸς ἀποστατεῖ τῶν ὄντων, οὔτε
τοῦ σμικροτάτου οὔτε τοῦ μεγίστου; ἢ τοῦτο μὲν
καὶ ἄλογον ἐρέσθαι; πῶς γὰρ ἂν δὴ οὐσία γε τῶν

ὄντων του ἀποστατοῖ; οὐδαμῶς. κατακεκερμάτισ-
ται ἄρα ὡς οἷόν τε σμικρότατα καὶ μέγιστα καὶ
πανταχῶς ὄντα, καὶ μεμέρισται πάντων μάλιστα,
c καὶ ἔστι μέρη ἀπέραντα Τῆς Οὐσίας. ἔχει οὕτως.
πλεῖστα ἄρα ἐστὶ τὰ μέρη αὐτῆς. πλεῖστα μέντοι.
(4) τί οὖν; ἔστι τι αὐτῶν, ὃ ἔστι μὲν μέρος Τῆς
Οὐσίας, οὐδὲν μέντοι μέρος; καὶ πῶς ἂν τοιοῦτο γέ-
νοιτο; ἀλλ᾽ εἴπερ γε, οἶμαι, ἔστιν, ἀνάγκη αὐτὸ ἀεί,
ἕωσπερ ἂν ᾖ, ἕν γέ τι εἶναι, μηδὲν δὲ ἀδύνατον.
ἀνάγκη. πρὸς ἅπαντι ἄρα ἑκάστῳ τῷ Τῆς Οὐσίας
μέρει πρόσεστι Τὸ Ἕν, οὐκ ἀπολειπόμενον οὔτε σμι-
κροτέρου οὔτε μείζονος μέρους οὔτε ἄλλου οὐδενός.
d οὕτως. ἄρα οὖν ἓν ὂν πολλαχοῦ ἅμα ὅλον ἐστί;
τοῦτο ἄθρει. ἀλλ᾽ ἀθρῶ, καὶ ὁρῶ ὅτι ἀδύνατον. με-
μερισμένον ἄρα, εἴπερ μὴ ὅλον· ἄλλως γάρ που οὐ-
δαμῶς ἅμα ἅπασι τοῖς Τῆς Οὐσίας μέρεσι παρέσ-
ται, ἢ μεμερισμένον. ναί. καὶ μὴν τό γε μεριστὸν
πολλὴ ἀνάγκη εἶναι τοσαῦτα ὅσαπερ μέρη. ἀνάγκη.
οὐκ ἄρ᾽ ἀληθῆ ἄρτι ἐλέγομεν, λέγοντες ὡς πλεῖστα
μέρη Ἡ Οὐσία νενεμημένη εἴη. οὐδὲ γὰρ πλείω
e Τοῦ Ἑνὸς νενέμηται, ἀλλ᾽ ἴσα, ὡς ἔοικε, Τῷ Ἑνί·
οὔτε γὰρ Τὸ Ὂν Τοῦ Ἑνὸς ἀπολείπεται οὔτε Τὸ
Ἕν Τοῦ Ὄντος, ἀλλ᾽ ἐξισοῦσθον δύ᾽ ὄντε ἀεὶ παρὰ
πάντα. παντάπασιν οὕτω φαίνεται. Τὸ Ἕν ἄρ᾽
αὐτὸ κεκερματισμένον ὑπὸ Τῆς Οὐσίας πολλά τε
καὶ ἄπειρα τὸ πλῆθός ἐστιν. φαίνεται. οὐ μόνον
ἄρα τὸ ὂν ἓν πολλά ἐστιν, ἀλλὰ καὶ αὐτὸ Τὸ Ἕν
ὑπὸ Τοῦ Ὄντος διανενεμημένον πολλὰ ἀνάγκη εἶναι.
παντάπασι μὲν οὖν. (5) καὶ μὴν ὅτι γε ὅλου τὰ
μόρια μόρια, πεπερασμένον ἂν εἴη κατὰ τὸ ὅλον
Τὸ Ἕν· ἢ οὐ περιέχεται ὑπὸ τοῦ ὅλου τὰ μόρια;

(4) If Existence be distributable to Infinity, the One must be distributable likewise.

(5) The One must exhibit Rest and Motion.

ἀνάγκη. ἀλλὰ μὴν τό γε περιέχον πέρας ἂν εἴη. 145
πῶς δ᾽ οὔ; Τὸ Ἓν ἄρα ὂν ἕν τέ ἐστί που καὶ
πολλά, καὶ ὅλον καὶ μόρια, καὶ πεπερασμένον καὶ
ἄπειρον πλήθει. φαίνεται. ἆρ᾽ οὖν οὐκ, ἐπείπερ
πεπερασμένον, καὶ ἔσχατα ἔχον; ἀνάγκη. τί δ᾽;
ὅλον ὂν οὐκ ἀρχὴν ἂν ἔχοι καὶ μέσον καὶ τελευτήν;
ἢ οἷόν τέ τι ὅλον εἶναι ἄνευ τριῶν τούτων; κἂν του
ἓν ὁτιοῦν αὐτῶν ἀποστατῇ, ἐθελήσει ἔτι ὅλον εἶναι;
οὐκ ἐθελήσει. καὶ ἀρχὴν δή, ὡς ἔοικε, καὶ τελευτὴν
καὶ μέσον ἔχοι ἂν Τὸ Ἕν. ἔχοι. ἀλλὰ μὴν τό γε b
μέσον ἴσον τῶν ἐσχάτων ἀπέχει· οὐ γὰρ ἂν ἄλλως
μέσον εἴη. οὐ γάρ. καὶ σχήματος δή τινος, ὡς
ἔοικε, τοιοῦτον ὂν μετέχοι ἂν Τὸ Ἕν, ἤτοι εὐθέος
ἢ στρογγύλου ἤ τινος μικτοῦ ἐξ ἀμφοῖν. μετέχοι
γὰρ ἄν. ἆρ᾽ οὖν οὕτως ἔχον οὐκ αὐτό τε ἐν ἑαυτῷ
ἔσται καὶ ἐν ἄλλῳ; πῶς; τῶν μερῶν που ἕκαστον
ἐν τῷ ὅλῳ ἐστὶ καὶ οὐδὲν ἐκτὸς τοῦ ὅλου. οὕτως.
πάντα δὲ τὰ μέρη ὑπὸ τοῦ ὅλου περιέχεται; ναί.
καὶ μὴν τά γε πάντα μέρη τὰ αὑτοῦ Τὸ Ἕν ἐστι, c
καὶ οὔτε τι πλέον οὔτε ἔλαττον ἢ πάντα. οὐ γάρ.
οὐκοῦν καὶ τὸ ὅλον Τὸ Ἕν ἐστιν; πῶς δ᾽ οὔ; εἰ
ἄρα πάντα τὰ μέρη ἐν ὅλῳ τυγχάνει ὄντα, ἔστι δὲ
τά τε πάντα Τὸ Ἓν καὶ αὐτὸ Τὸ Ὅλον, περιέχεται
δὲ ὑπὸ Τοῦ Ὅλου τὰ πάντα, ὑπὸ Τοῦ Ἑνὸς ἂν
περιέχοιτο Τὸ Ἕν, καὶ οὕτως ἂν ἤδη Τὸ Ἓν αὐτὸ
ἐν ἑαυτῷ εἴη. φαίνεται. ἀλλὰ μέντοι τό γε ὅλον
αὖ οὐκ ἐν τοῖς μέρεσίν ἐστιν, οὔτε ἐν πᾶσιν οὔτε
ἐν τινί. εἰ γὰρ ἐν πᾶσιν, ἀνάγκη καὶ ἐν ἑνί. ἐν d
τίνι γὰρ ἑνὶ μὴ ὂν οὐκ ἂν ἔτι που δύναιτο ἔν γε
ἅπασιν εἶναι· εἰ δὲ τοῦτο μὲν τὸ ἓν τῶν ἁπάντων
ἐστί, τὸ δὲ ὅλον ἐν τούτῳ ἔνι, πῶς ἔτι ἔν γε τοῖς

πᾶσιν ἐνέσται; οὐδαμῶς. οὐδὲ μὴν ἐν τισὶ τῶν
μερῶν. εἰ γὰρ ἐν τισὶ τὸ ὅλον εἴη, τὸ πλέον
ἂν ἐν τῷ ἐλάττονι εἴη, ὅ ἐστιν ἀδύνατον. ἀδύνα-
τον γάρ. μὴ ὂν δ᾽ ἐν πλείοσι μηδ᾽ ἐν ἑνὶ μηδ᾽ ἐν
ἅπασι τοῖς μέρεσι τὸ ὅλον οὐκ ἀνάγκη ἐν ἑτέρῳ
e τινὶ εἶναι, ἢ μηδαμοῦ ἔτι εἶναι; ἀνάγκη. οὐκοῦν
μηδαμοῦ μὲν ὂν οὐδὲν ἂν εἴη, ὅλον δὲ ὄν, ἐπειδὴ
οὐκ ἐν αὑτῷ ἐστίν, ἀνάγκη ἐν ἄλλῳ εἶναι; πάνυ
γε. ᾗ μὲν ἄρα Τὸ Ἓν ὅλον, ἐν ἄλλῳ ἐστίν· ᾗ δὲ
τὰ πάντα μέρη ὄντα τυγχάνει, αὐτὸ ἐν ἑαυτῷ· καὶ
οὕτω Τὸ Ἓν ἀνάγκη αὐτό τε ἐν ἑαυτῷ εἶναι καὶ ἐν
ἑτέρῳ. ἀνάγκη. οὕτω δὴ πεφυκὸς Τὸ Ἓν ἆρ᾽ οὐκ
ἀνάγκη καὶ κινεῖσθαι καὶ ἑστάναι; πῇ; ἕστηκε μέν
που, εἴπερ αὐτὸ ἐν ἑαυτῷ ἐστίν. ἐν γὰρ ἑνὶ ὂν καὶ
146 ἐκ τούτου μὴ μεταβαῖνον ἐν τῷ αὐτῷ ἂν εἴη, ἐν
ἑαυτῷ. ἔστι γάρ. τὸ δέ γε ἐν τῷ αὐτῷ ἀεὶ ὂν
ἑστὸς δήπου ἀνάγκη ἀεὶ εἶναι. πάνυ γε. τί δέ;
τὸ ἐν ἑτέρῳ ἀεὶ ὂν οὐ τὸ ἐναντίον ἀνάγκη μηδέποτ᾽
ἐν τῷ αὐτῷ εἶναι, μηδέποτε δὲ ὂν ἐν τῷ αὐτῷ μηδὲ
ἑστάναι, μὴ ἑστὸς δὲ κινεῖσθαι; οὕτως. ἀνάγκη
ἄρα Τὸ Ἓν, αὐτό τε ἐν ἑαυτῷ ἀεὶ ὂν καὶ ἐν ἑτέρῳ,
ἀεὶ κινεῖσθαί τε καὶ ἑστάναι. φαίνεται. (6) καὶ
μὴν ταὐτόν γε δεῖ εἶναι αὐτὸ ἑαυτῷ καὶ ἕτερον
b ἑαυτοῦ, καὶ Τοῖς Ἄλλοις ὡσαύτως ταὐτόν τε καὶ
ἕτερον εἶναι, εἴπερ καὶ τὰ πρόσθεν πέπονθεν. πῶς;
πᾶν που πρὸς ἅπαν ὧδε ἔχει· ἢ ταὐτόν ἐστιν ἢ
ἕτερον· ἢ ἐὰν μὴ ταὐτὸν ᾖ μηδ᾽ ἕτερον, μέρος ἂν
εἴη τούτου, πρὸς ὃ οὕτως ἔχει, ἢ ὡς πρὸς μέρος
ὅλον ἂν εἴη. φαίνεται. ἆρ᾽ οὖν Τὸ Ἓν αὐτὸ αὑτοῦ
μέρος ἐστίν; οὐδαμῶς. οὐδ᾽ ἄρα ὡς πρὸς μέρος
αὐτὸ αὑτοῦ ὅλον ἂν εἴη, πρὸς ἑαυτὸ μέρος ὄν. οὐ

(6) The
One must
exhibit
Identity
and Diver-
sity with
regard to—
(a) itself,
and (β)
Τἆλλα,
everything
else besides
Τὸ Ἓν.

γὰρ οἷόν τε. ἀλλ᾽ ἆρα ἕτερόν ἐστιν ἑνὸς Τὸ Ἕν;
οὐ δῆτα. οὐδ᾽ ἄρα ἑαυτοῦ γε ἕτερον ἂν εἴη. οὐ c
μέντοι. εἰ οὖν μήτε ἕτερον μήθ᾽ ὅλον μήτε μέρος
αὐτὸ πρὸς ἑαυτό ἐστιν, οὐκ ἀνάγκη ἤδη ταὐτὸν
εἶναι αὐτὸ ἑαυτῷ; ἀνάγκη. τί δέ; τὸ ἑτέρωθι ὂν
αὐτὸ ἑαυτοῦ ἐν τῷ αὐτῷ ὄντος ἑαυτῷ οὐκ ἀνάγκη
αὐτὸ ἑαυτοῦ ἕτερον εἶναι, εἴπερ καὶ ἑτέρωθι ἔσται;
ἔμοιγε δοκεῖ. οὕτω μὴν ἐφάνη ἔχον Τὸ Ἕν, αὐτό
τε ἐν ἑαυτῷ ὂν ἅμα καὶ ἐν ἑτέρῳ. ἐφάνη γάρ.
ἕτερον ἄρα, ὡς ἔοικεν, εἴη ταύτῃ ἂν ἑαυτοῦ Τὸ Ἕν.
ἔοικεν. τί οὖν; εἰ τού τι ἕτερόν ἐστιν, οὐχ ἑτέρου d
ὄντος ἕτερον ἔσται; ἀνάγκη. οὐκοῦν ὅσα μὴ ἕν
ἐστιν, ἅπανθ᾽ ἕτερα Τοῦ Ἑνός, καὶ Τὸ Ἕν τῶν μὴ
ἕν; πῶς δ᾽ οὔ; ἕτερον ἄρα ἂν εἴη Τὸ Ἕν Τῶν Ἄλλων.
ἕτερον. ὅρα δή· αὐτό τε Ταὐτὸν καὶ Τὸ Ἕτερον
ἆρ᾽ οὐκ ἐναντία ἀλλήλοις; πῶς δ᾽ οὔ; ἦ οὖν ἐθε-
λήσει Ταὐτὸν ἐν Τῷ Ἑτέρῳ ἢ Τὸ Ἕτερον ἐν Ταὐτῷ
ποτὲ εἶναι; οὐκ ἐθελήσει. εἰ ἄρα Τὸ Ἕτερον ἐν
Ταὐτῷ μηδέποτ᾽ ἔσται, οὐδὲν ἔστι τῶν ὄντων ἐν ᾧ
ἐστὶ Τὸ Ἕτερον χρόνον οὐδένα. εἰ γὰρ ὁντινοῦν e
εἴη ἔν τῳ, ἐκεῖνον ἂν τὸν χρόνον ἐν Ταὐτῷ εἴη Τὸ
Ἕτερον. οὐχ οὕτως; οὕτως. ἐπειδὴ δ᾽ οὐδέποτε
ἐν τῷ αὐτῷ ἐστίν, οὐδέποτε ἔν τινι τῶν ὄντων ἂν
εἴη Τὸ Ἕτερον. ἀληθῆ. οὔτ᾽ ἄρα ἐν τοῖς μὴ ἕν
οὔτε ἐν Τῷ Ἑνὶ ἐνείη ἂν Τὸ Ἕτερον. οὐ γὰρ οὖν.
οὐκ ἄρα Τῷ Ἑτέρῳ γ᾽ ἂν·εἴη Τὸ Ἕν τῶν μὴ ἕν
οὐδὲ τὰ μὴ ἓν Τοῦ Ἑνὸς ἕτερα. οὐ γάρ. οὐδὲ
μὴν ἑαυτοῖς γε ἕτερ᾽ ἂν εἴη ἀλλήλων, μὴ μετέ-
χοντα Τοῦ Ἑτέρου. πῶς γάρ; εἰ δὲ μήτε αὐτοῖς 147
ἕτερά ἐστι μήτε Τῷ Ἑτέρῳ, οὐ πάντη ἤδη ἂν
ἐκφεύγοι τὸ μὴ ἕτερα εἶναι ἀλλήλων; ἐκφεύγοι.

ἀλλὰ μὴν οὐδὲ Τοῦ Ἑνός γε μετέχει τὰ μὴ ἕν· οὐ
γὰρ ἂν μὴ ἓν ἦν, ἀλλά πη ἂν ἐν ἦν. ἀληθῆ. οὐδ'
ἂν ἀριθμὸς εἴη ἄρα τὰ μὴ ἕν· οὐδὲ γὰρ ἂν οὕτω
μὴ ἓν ἦν παντάπασιν, ἀριθμόν γε ἔχοντα. οὐ γὰρ
οὖν. τί δέ; τὰ μὴ ἓν Τοῦ Ἑνὸς ἄρα μόριά ἐστιν;
ἢ κἂν οὕτω μετεῖχε Τοῦ Ἑνὸς τὰ μὴ ἕν; μετεῖχεν.
b εἰ ἄρα πάντη τὸ μὲν ἕν ἐστι, τὰ δὲ μὴ ἕν, οὔτ' ἂν
μόριον τῶν μὴ ἓν Τὸ Ἓν εἴη οὔθ' ὅλον ὡς μορίων·
οὔτε αὖ τὰ μὴ ἓν Τοῦ Ἑνὸς μόρια, οὔθ' ὅλα ὡς
μορίῳ Τῷ Ἑνί. οὐ γάρ. ἀλλὰ μὴν ἔφαμεν τὰ
μήτε μόρια μήθ' ὅλα μήθ' ἕτερα ἀλλήλων ταὐτὰ
ἔσεσθαι ἀλλήλοις. ἔφαμεν γάρ. φῶμεν ἄρα καὶ
Τὸ Ἓν πρὸς τὰ μὴ ἓν οὕτως ἔχον τὸ αὐτὸ εἶναι
αὐτοῖς; φῶμεν. Τὸ Ἓν ἄρα, ὡς ἔοικεν, ἕτερόν τε
Τῶν Ἄλλων ἐστὶ καὶ ἑαυτοῦ καὶ ταὐτὸν ἐκείνοις τε
c καὶ ἑαυτῷ. κινδυνεύει φαίνεσθαι ἔκ γε τοῦ λόγου.
ἆρ' οὖν καὶ ὅμοιόν τε καὶ ἀνόμοιον ἑαυτῷ τε καὶ
Τοῖς Ἄλλοις; ἴσως. ἐπειδὴ γοῦν ἕτερον Τῶν Ἄλλων
ἐφάνη, καὶ Τἄλλα που ἕτερ' ἂν ἐκείνου εἴη. τί
μήν; οὐκοῦν οὕτως ἕτερον Τῶν Ἄλλων, ὥσπερ καὶ
Τἄλλα ἐκείνου, καὶ οὔτε μᾶλλον οὔθ' ἧττον; τί γὰρ
ἄν; εἰ ἄρα μήτε μᾶλλον μήθ' ἧττον, ὁμοίως. ναί.
οὐκοῦν ᾗ ἕτερον εἶναι πέπονθε Τῶν Ἄλλων, καὶ
Τἄλλα ἐκείνου ὡσαύτως, ταύτῃ ταὐτὸν ἂν πεπονθότα
d εἶεν Τό τε Ἓν Τοῖς Ἄλλοις καὶ Τἄλλα Τῷ Ἑνί. πῶς
λέγεις; ὧδε· ἕκαστον τῶν ὀνομάτων οὐκ ἐπί τινι
καλεῖς; ἔγωγε. τί οὖν; τὸ αὐτὸ ὄνομα εἴποις ἂν
πλεονάκις ἢ ἅπαξ; ἔγωγε. πότερον οὖν ἐὰν μὲν
ἅπαξ εἴπῃς, ἐκεῖνο προσαγορεύεις οὗπέρ ἐστι τοὔ-
νομα, ἐὰν δὲ πολλάκις, οὐκ ἐκεῖνο; ἢ ἐάν τε ἅπαξ
ἐάν τε πολλάκις τὸ αὐτὸ ὄνομα φθέγξῃ, πολλὴ

D

ἀνάγκη σε τὸ αὐτὸ καὶ λέγειν ἀεί; τί μήν; οὐκοῦν
καὶ τὸ ἕτερον ὄνομά ἐστιν ἐπί τινι; πάνυ γε. ὅταν
ἄρα αὐτὸ φθέγγῃ, ἐάν τε ἅπαξ ἐάν τε πολλάκις, οὐκ e
ἐπ' ἄλλῳ οὐδὲ ἄλλο τι ὀνομάζεις ἢ ἐκεῖνο οὗπερ ἦν
ὄνομα. ἀνάγκη. ὅταν δὴ λέγωμεν ὅτι ἕτερον μὲν
Τἆλλα Τοῦ Ἑνός, ἕτερον δὲ Τὸ Ἓν Τῶν Ἄλλων, δὶς
τὸ ἕτερον εἰπόντες οὐδέν τι μᾶλλον ἐπ' ἄλλῃ ἀλλ'
ἐπ' ἐκείνῃ τῇ φύσει αὐτὸ ἀεὶ λέγομεν, ἧσπερ ἦν
τοὔνομα. πάνυ μὲν οὖν. ᾗ ἄρα ἕτερον Τῶν Ἄλλων
Τὸ Ἓν καὶ Τἆλλα Τοῦ Ἑνός, κατ' αὐτὸ τὸ ἕτερον 148
πεπονθέναι οὐκ ἄλλο ἀλλὰ τὸ αὐτὸ ἂν πεπονθὸς εἴη
Τὸ Ἓν Τοῖς Ἄλλοις· τὸ δέ που ταὐτὸν πεπονθὸς
ὅμοιον· οὐχί; ναί. ᾗ δὴ Τὸ Ἓν ἕτερον Τῶν Ἄλλων
πέπονθεν εἶναι, κατ' αὐτὸ τοῦτο ἅπαν ἅπασιν ὅμοιον
ἂν εἴη· ἅπαν γὰρ ἁπάντων ἕτερόν ἐστιν. ἔοικεν.
ἀλλὰ μὴν τό γε ὅμοιον τῷ ἀνομοίῳ ἐναντίον. ναί.
οὐκοῦν καὶ τὸ ἕτερον τῷ αὐτῷ. καὶ τοῦτο. ἀλλὰ
μὴν καὶ τοῦτό γ' ἐφάνη, ὡς ἄρα Τὸ Ἓν Τοῖς Ἄλλοις
ταὐτόν. ἐφάνη γάρ. τοὐναντίον δέ γε πάθος ἐστὶ b
τὸ εἶναι ταὐτὸ Τοῖς Ἄλλοις τῷ ἕτερον εἶναι Τῶν
Ἄλλων. πάνυ γε. ᾗ γε μὴν ἕτερον, ὅμοιον ἐφάνη.
ναί. ᾗ ἄρα ταὐτόν, ἀνόμοιον ἔσται κατὰ τοὐναν-
τίον πάθος τῷ ὁμοιοῦντι πάθει. ὡμοίου δέ που τὸ
ἕτερον; ναί. ἀνομοιώσει ἄρα ταὐτόν, ἢ οὐκ ἐναν-
τίον ἔσται τῷ ἑτέρῳ. ἔοικεν. ὅμοιον ἄρα καὶ
ἀνόμοιον ἔσται Τὸ Ἓν Τοῖς Ἄλλοις, ᾗ μὲν ἕτερον, c
ὅμοιον, ᾗ δὲ ταὐτόν, ἀνόμοιον. ἔχει γὰρ οὖν δή,
ὡς ἔοικε, καὶ τοιοῦτον λόγον. καὶ γὰρ τόνδε ἔχει.
τίνα; ᾗ ταὐτὸν πέπονθε, μὴ ἀλλοῖον πεπονθέναι, μὴ
ἀλλοῖον δὲ πεπονθὸς μὴ ἀνόμοιον, μὴ ἀνόμοιον δὲ
ὅμοιον εἶναι· ᾗ δ' ἄλλο πέπονθεν, ἀλλοῖον, ἀλλοῖον δὲ

ὂν ἀνόμοιον εἶναι. ἀληθῆ λέγεις. ταὐτόν τε ἄρα ὂν
Τὸ ῞Εν Τοῖς ῎Αλλοις καὶ ὅτι ἕτερόν ἐστι, κατ᾽ ἀμφό-
τερα καὶ καθ᾽ ἑκάτερον, ὅμοιόν τε ἂν εἴη καὶ
d ἀνόμοιον τοῖς ἄλλοις. πάνυ γε. οὐκοῦν καὶ ἑαυτῷ
ὡσαύτως, ἐπείπερ ἕτερόν τε ἑαυτοῦ καὶ ταὐτὸν ἑαυτῷ
ἐφάνη, κατ᾽ ἀμφότερα καὶ ἑκάτερον ὅμοιόν τε καὶ
ἀνόμοιον φανήσεται; ἀνάγκη. (7)τί δὲ δή; περὶ
τοῦ ἅπτεσθαι Τὸ ῞Εν αὑτοῦ καὶ Τῶν ῎Αλλων καὶ
τοῦ μὴ ἅπτεσθαι πέρι, πῶς ἔχει; σκόπει. σκοπῶ.
αὐτὸ γάρ που ἐν ἑαυτῷ ὅλῳ Τὸ ῞Εν ἐφάνη ὄν.
ὀρθῶς. οὐκοῦν καὶ ἐν Τοῖς ῎Αλλοις τὸ ἕν; ναί. ᾗ
e μὲν ἄρα ἐν Τοῖς ῎Αλλοις, Τῶν ῎Αλλων ἅπτοιτ᾽ ἄν· ᾗ
δὲ αὐτὸ ἐν ἑαυτῷ, Τῶν μὲν ῎Αλλων ἀπείργοιτο
ἅπτεσθαι, αὐτὸ δὲ αὑτοῦ ἅπτοιτ᾽ ἂν ἐν ἑαυτῷ ὄν.
φαίνεται. οὕτω μὲν δὴ ἅπτοιτ᾽ ἂν Τὸ ῞Εν αὑτοῦ τε
καὶ Τῶν ῎Αλλων. ἅπτοιτο. τί δὲ τῇδε; ἆρ᾽ οὐ πᾶν
τὸ μέλλον ἅψεσθαί τινος ἐφεξῆς δεῖ κεῖσθαι ἐκείνῳ
οὗ μέλλει ἅπτεσθαι, ταύτην τὴν ἕδραν κατέχον ἣ
ἂν μετ᾽ ἐκείνην ᾖ ἕδρα, ᾗ ἂν κέηται οὗ ἅπτεται;
ἀνάγκη. καὶ Τὸ ῞Εν ἄρα εἰ μέλλει αὐτὸ αὑτοῦ ἅψεσ-
θαι, ἐφεξῆς δεῖ εὐθὺς μεθ᾽ ἑαυτὸ κεῖσθαι, τὴν
ἐχομένην χώραν κατέχον ἐκείνης, ᾗ αὐτό ἐστιν. δεῖ
149 γὰρ οὖν. οὐκοῦν δύο μὲν ὂν Τὸ ῞Εν ποιήσειεν ἂν
ταῦτα καὶ ἐν δυοῖν χώραιν ἅμα γένοιτο· ἕως δ᾽ ἂν ᾖ
ἕν, οὐκ ἐθελήσει; οὐ γὰρ οὖν. ἡ αὐτὴ ἄρα ἀνάγκη
Τῷ ῾Ενὶ μήτε δύο εἶναι μήθ᾽ ἅπτεσθαι αὐτῷ αὑτοῦ.
ἡ αὐτή. ἀλλ᾽ οὐδὲ μὴν Τῶν ῎Αλλων ἅψεται. τί δή;
ὅτι, φαμέν, τὸ μέλλον ἅψεσθαι χωρὶς ὂν ἐφεξῆς δεῖ
ἐκείνῳ εἶναι, οὗ μέλλει ἅψεσθαι, τρίτον δὲ αὐτῶν
ἐν μέσῳ μηδὲν εἶναι. ἀληθῆ. δύο ἄρα δεῖ τὸ
ὀλίγιστον εἶναι, εἰ μέλλει ἅψις εἶναι. δεῖ. ἐὰν δὲ

(7) The One must be in communion with itself and with Τἄλλα, everything else; and the One must be out of communion with itself and Τἄλλα, everything else.

D 2

τοῖν δυοῖν ὅροιν τρίτον προσγένηται ἐξῆς, αὐτὰ μὲν b
τρία ἔσται, αἱ δὲ ἄψεις δύο. ναί. καὶ οὕτω δὴ ἀεί,
ἑνὸς προσγιγνομένου, μία καὶ ἄψις προσγίγνεται,
καὶ συμβαίνει τὰς ἄψεις τοῦ πλήθους τῶν ἀριθμῶν
μιᾷ ἐλάττους εἶναι. ᾧ γὰρ τὰ πρῶτα δύο ἐπλεονέκ-
τησε τῶν ἄψεων εἰς τὸ πλείω εἶναι τὸν ἀριθμὸν ἢ
τὰς ἄψεις, τῷ ἴσῳ τούτῳ καὶ ὁ ἔπειτα ἀριθμὸς πᾶς
πασῶν τῶν ἄψεων πλεονεκτεῖ. ἤδη γὰρ τὸ λοιπὸν
ἅμα ἕν τε τῷ ἀριθμῷ προσγίγνεται καὶ μία ἄψις c
ταῖς ἄψεσιν. ὀρθῶς. ὅσα ἄρα ἐστὶ τὰ ὄντα τὸν
ἀριθμόν, ἀεὶ μιᾷ αἱ ἄψεις ἐλάττους εἰσὶν αὐτῶν.
ἀληθῆ. εἰ δέ γε ἓν μόνον ἐστί, δυὰς δὲ μὴ ἔστιν,
ἄψις οὐκ ἂν εἴη. πῶς γάρ; οὐκοῦν, φαμέν, Τὰ Ἄλλα
Τοῦ Ἑνὸς οὔτε ἕν ἐστιν οὔτε μετέχει αὐτοῦ, εἴπερ
ἄλλα ἐστίν. οὐ γάρ. οὐκ ἄρα ἔνεστιν ἀριθμὸς ἐν
Τοῖς Ἄλλοις, ἑνὸς μὴ ἐνόντος ἐν αὐτοῖς. πῶς γάρ;
οὔτ' ἄρα ἕν ἐστι Τἄλλα οὔτε δύο οὔτε ἄλλον ἀριθμοῦ
ἔχοντα ὄνομα οὐδέν. οὔ. Τὸ Ἕν ἄρα μόνον ἐστὶν d
ἕν, καὶ δυὰς οὐκ ἂν εἴη. οὐ φαίνεται. ἄψις ἄρα
οὐκ ἔστι, δυοῖν μὴ ὄντοιν. οὐκ ἔστιν. οὔτ' ἄρα
Τὸ Ἕν Τῶν Ἄλλων ἅπτεται οὔτε Τὰ Ἄλλα Τοῦ Ἑνός,
ἐπείπερ ἄψις οὐκ ἔστιν. οὐ γὰρ οὖν. οὕτω δὴ κατὰ
πάντα ταῦτα Τὸ Ἕν Τῶν τε Ἄλλων καὶ ἑαυτοῦ ἅπτε-
ταί τε καὶ οὐχ ἅπτεται. ἔοικεν. (8) ἆρ' οὖν καὶ
ἴσον ἐστὶ καὶ ἄνισον αὐτῷ τε καὶ Τοῖς Ἄλλοις; πῶς;
εἰ μεῖζον εἴη Τὸ Ἕν ἢ Τἄλλα ἢ ἔλαττον, ἢ αὖ Τἄλλα e
Τοῦ Ἑνὸς μείζω ἢ ἐλάττω, ἆρ' οὐκ ἂν τῷ μὲν ἓν εἶναι
Τὸ Ἕν καὶ Τὰ Ἄλλα ἄλλα Τοῦ Ἑνὸς οὔτε τι μείζω
οὔτε τι ἐλάττω ἂν εἴη ἀλλήλων αὐταῖς γε ταύταις
ταῖς οὐσίαις· ἀλλ' εἰ μὲν πρὸς τῷ τοιαῦτ' εἶναι
ἑκάτερα ἰσότητα ἔχοιεν, ἴσα ἂν εἴη πρὸς ἄλληλα·

(8) The One admits of the modes of quantity, Equal, Greater, and Less, both with regard to itself and Τἄλλα, everything else.

εἰ δὲ τὰ μὲν μέγεθος, τὸ δὲ σμικρότητα, ἢ καὶ
μέγεθος μὲν Τὸ Ἕν, σμικρότητα δὲ Τἆλλα, ὁποτέρῳ
μὲν τῷ εἴδει μέγεθος προσείη, μεῖζον ἂν εἴη, ᾧ δὲ
σμικρότης, ἔλαττον; ἀνάγκη. οὐκοῦν ἐστόν γέ τινε
τούτω εἴδη, Τό τε Μέγεθος καὶ Ἡ Σμικρότης; οὐ
γὰρ ἄν που, μὴ ὄντε γε, ἐναντίω τε ἀλλήλοιν εἴτην
150 καὶ ἐν τοῖς οὖσιν ἐγγιγνοίσθην. πῶς γὰρ ἄν; εἰ
ἄρα ἐν Τῷ Ἑνὶ σμικρότης ἐγγίγνεται, ἤτοι ἐν ὅλῳ ἂν
ἢ ἐν μέρει αὐτοῦ ἐνείη. ἀνάγκη. τί δ᾽ εἰ ἐν ὅλῳ
ἐγγίγνοιτο; οὐχὶ ἢ ἐξ ἴσου ἂν Τῷ Ἑνὶ δι᾽ ὅλου
αὐτοῦ τεταμένη εἴη ἢ περιέχουσα αὐτό; δῆλον δή.
ἆρ᾽ οὖν οὐκ ἐξ ἴσου μὲν οὖσα Ἡ Σμικρότης Τῷ Ἑνὶ
ἴση ἂν αὐτῷ εἴη, περιέχουσα δὲ μείζων; πῶς δ᾽ οὔ;
δυνατὸν οὖν Σμικρότητα ἴσην τῳ εἶναι ἢ μείζω τινός,
καὶ πράττειν γε τὰ Μεγέθους τε καὶ Ἰσότητος, ἀλλὰ
b μὴ τὰ ἑαυτῆς; ἀδύνατον. ἐν μὲν ὅλῳ ἄρα Τῷ Ἑνὶ
οὐκ ἂν εἴη Σμικρότης, ἀλλ᾽ εἴπερ, ἐν μέρει. ναί.
οὐδέ γε ἐν παντὶ αὖ τῷ μέρει· εἰ δὲ μή, ταὐτὰ
ποιήσει ἅπερ πρὸς τὸ ὅλον· ἴση ἔσται ἢ μείζων τοῦ
μέρους, ἐν ᾧ ἂν ἀεὶ ἐνῇ. ἀνάγκη. οὐδενί ποτε
ἄρα ἐνέσται τῶν ὄντων Σμικρότης, μήτ᾽ ἐν μέρει
μήτ᾽ ἐν ὅλῳ ἐγγιγνομένη· οὐδέ τι ἔσται σμικρὸν
πλὴν αὐτῆς Σμικρότητος. οὐκ ἔοικεν. οὐδ᾽ ἄρα
μέγεθος ἐνέσται ἐν αὐτῷ. μεῖζον γὰρ ἄν τι εἴη
c ἄλλο, καὶ πλὴν αὐτοῦ Μεγέθους, ἐκεῖνο ἐν ᾧ Τὸ
Μέγεθος ἐνείη, καὶ ταῦτα σμικροῦ αὐτοῦ οὐκ ὄντος,
οὗ ἀνάγκη ὑπερέχειν, ἐάνπερ ᾖ μέγα· τοῦτο δὲ
ἀδύνατον, ἐπειδὴ Σμικρότης οὐδαμοῦ ἔνι. ἀληθῆ.
ἀλλὰ μὴν αὐτὸ Μέγεθος οὐκ ἄλλου μεῖζον ἢ αὐτῆς
Σμικρότητος, οὐδὲ Σμικρότης ἄλλου ἔλαττον ἢ αὐτοῦ
Μεγέθους. οὐ γάρ. οὔτε ἄρα Τὰ Ἄλλα μείζω Τοῦ

Ἑνὸς οὐδὲ ἐλάττω, μήτε Μέγεθος μήτε Σμικρότητα ἔχοντα, οὔτε αὐτὼ τούτω πρὸς Τὸ ˢΕν ἔχετον τὴν d δύναμιν τὴν τοῦ ὑπερέχειν καὶ ὑπερέχεσθαι ἀλλὰ πρὸς ἀλλήλω, οὔτε αὖ Τὸ ˢΕν τούτοιν οὐδὲ Τῶν Ἄλλων μεῖζον ἂν οὐδ' ἔλαττον εἴη, μήτε Μέγεθος μήτε Σμικρότητα ἔχον. οὔκουν φαίνεταί γε. ἆρ' οὖν εἰ μήτε μεῖζον μήτε ἔλαττον Τὸ ˢΕν Τῶν Ἄλλων, ἀνάγκη αὐτὸ ἐκείνων μήτε ὑπερέχειν μήθ' ὑπερέχεσθαι; ἀνάγκη. οὐκοῦν τό γε μήτε ὑπερέχον μήθ' ὑπερεχόμενον πολλὴ ἀνάγκη ἐξ ἴσου εἶναι, ἐξ ἴσου δὲ ὂν ἴσον εἶναι. πῶς γὰρ οὔ; καὶ μὴν καὶ αὐτό e γε Τὸ ˢΕν πρὸς ἑαυτὸ οὕτως ἂν ἔχοι· μήτε Μέγεθος ἐν ἑαυτῷ μήτε Σμικρότητα ἔχον οὔτ' ἂν ὑπερέχοιτο οὔτ' ἂν ὑπερέχοι ἑαυτοῦ, ἀλλ' ἐξ ἴσου ὂν ἴσον ἂν εἴη ἑαυτῷ. πάνυ μὲν οὖν. Τὸ ˢΕν ἄρα ἑαυτῷ τε καὶ Τοῖς Ἄλλοις ἴσον ἂν εἴη. φαίνεται. καὶ μὴν αὐτό. γε ἐν ἑαυτῷ ὂν καὶ περὶ ἑαυτὸ ἂν εἴη ἔξωθεν, καὶ περιέχον μὲν μεῖζον ἂν ἑαυτοῦ εἴη, περιεχόμενον δὲ ἔλαττον, καὶ οὕτω μεῖζον ἂν καὶ ἔλαττον εἴη 151 αὐτὸ ἑαυτοῦ Τὸ ˢΕν. εἴη γὰρ ἄν. οὐκοῦν καὶ τόδε ἀνάγκη, μηδὲν εἶναι ἐκτὸς Τοῦ Ἑνός τε καὶ Τῶν Ἄλλων. πῶς γὰρ οὔ; ἀλλὰ μὴν καὶ εἶναί που δεῖ τό γε ὂν ἀεί. ναί. οὐκοῦν τό γε ἔν τῳ ὂν ἐν μείζονι ἔσται ἔλαττον ὄν; οὐ γὰρ ἂν ἄλλως ἕτερον ἐν ἑτέρῳ εἴη. οὐ γάρ. ἐπειδὴ δὲ οὐδὲν ἕτερόν ἐστι χωρὶς Τῶν Ἄλλων καὶ Τοῦ Ἑνός, δεῖ δὲ αὐτὰ ἔν τῳ εἶναι, οὐκ ἀνάγκη ἤδη ἐν ἀλλήλοις εἶναι, Τά τε Ἄλλα ἐν Τῷ Ἑνὶ καὶ Τὸ ˢΕν ἐν Τοῖς Ἄλλοις, ἢ μηδαμοῦ εἶναι; φαίνεται. ὅτι μὲν ἄρα Τὸ ˢΕν b ἐν Τοῖς Ἄλλοις ἔνεστι, μείζω ἂν εἴη Τὰ Ἄλλα Τοῦ Ἑνός, περιέχοντα αὐτό, Τὸ δὲ ˢΕν ἔλαττον Τῶν

Ἄλλων, περιεχόμενον· ὅτι δὲ Τὰ Ἄλλα ἐν Τῷ Ἑνί,
Τὸ Ἓν Τῶν Ἄλλων κατὰ τὸν αὐτὸν λόγον μεῖζον
ἂν εἴη, Τὰ δὲ Ἄλλα Τοῦ Ἑνὸς ἐλάττω. ἔοικεν. Τὸ
Ἓν ἄρα ἴσον τε καὶ μεῖζον καὶ ἔλαττόν ἐστιν αὐτό
τε αὑτοῦ καὶ Τῶν Ἄλλων. φαίνεται. καὶ μὴν εἴπερ
μεῖζον καὶ ἔλαττον καὶ ἴσον, ἴσων ἂν εἴη μέτρων
c καὶ πλειόνων καὶ ἐλαττόνων αὑτῷ καὶ Τοῖς Ἄλλοις,
ἐπειδὴ δὲ μέτρων, καὶ μερῶν. πῶς δ᾽ οὔ; ἴσων
μὲν ἄρα μέτρων ὂν καὶ πλειόνων καὶ ἐλαττόνων, καὶ
ἀριθμῷ ἔλαττον ἂν καὶ πλέον εἴη αὐτό τε αὑτοῦ
καὶ Τῶν Ἄλλων, καὶ ἴσον αὑτῷ τε καὶ Τοῖς Ἄλλοις
κατὰ ταῦτά. πῶς; ὧνπερ μεῖζόν ἐστι, πλειόνων
που καὶ μέτρων ἂν εἴη αὐτῶν· ὅσων δὲ μέτρων, καὶ
μερῶν· καὶ ὧν ἔλαττον, ὡσαύτως· καὶ οἷς ἴσον,
κατὰ ταῦτά. οὕτως. οὐκοῦν ἑαυτοῦ μεῖζον καὶ
d ἔλαττον ὂν καὶ ἴσον ἴσων ἂν εἴη μέτρων καὶ πλειό-
νων καὶ ἐλαττόνων αὑτῷ· ἐπειδὴ δὲ μέτρων, καὶ
μερῶν; πῶς δ᾽ οὔ; ἴσων μὲν ἄρα μερῶν ὂν αὑτῷ
ἴσον ἂν τὸ πλῆθος αὑτῷ εἴη, πλειόνων δὲ πλέον,
ἐλαττόνων δὲ ἔλαττον τὸν ἀριθμὸν αὑτοῦ. φαίνεται.
οὐκοῦν καὶ πρὸς Τἆλλα ὡσαύτως ἕξει Τὸ Ἓν· ὅτι
μὲν μεῖζον αὐτῶν φαίνεται, ἀνάγκη πλέον εἶναι καὶ
τὸν ἀριθμὸν αὐτῶν· ὅτι δὲ σμικρότερον, ἔλαττον·
ὅτι δὲ ἴσον μεγέθει, ἴσον καὶ τὸ πλῆθος εἶναι Τοῖς
e Ἄλλοις; ἀνάγκη. οὕτω δὴ αὖ, ὡς ἔοικε, Τὸ Ἓν καὶ
ἴσον καὶ πλέον καὶ ἔλαττον τὸν ἀριθμὸν αὐτό τε
αὑτοῦ ἔσται καὶ Τῶν Ἄλλων. ἔσται. (9) ἆρ᾽ οὖν
καὶ χρόνου μετέχει Τὸ Ἕν, καὶ ἔστι τε καὶ γίγνεται
νεώτερόν τε καὶ πρεσβύτερον αὐτό τε αὑτοῦ καὶ
Τῶν Ἄλλων, καὶ οὔτε νεώτερον οὔτε πρεσβύτερον
οὔτε ἑαυτοῦ οὔτε Τῶν Ἄλλων, χρόνου μετέχον; πῶς;

(9) The One admits of the modes of duration, Prior, Simultaneous, and Sub-

sequent, both with regard to itself and Τἆλλα, everything else.

εἶναι μέν που αὐτῷ ὑπάρχει, εἴπερ ἓν ἔστιν. ναί. τὸ δὲ εἶναι ἄλλο τί ἐστιν ἢ μέθεξις οὐσίας μετὰ χρόνου τοῦ παρόντος, ὥσπερ τὸ ἦν μετὰ τοῦ παρε- 152 ληλυθότος καὶ αὖ τὸ ἔσται μετὰ τοῦ μέλλοντος οὐσίας ἐστὶ κοινωνία; ἔστι γάρ. μετέχει μὲν ἄρα χρόνου, εἴπερ καὶ τοῦ εἶναι. πάνυ γε. οὐκοῦν πορευομένου τοῦ χρόνου; ναί. ἀεὶ ἄρα πρεσβύτε- ρον γίγνεται ἑαυτοῦ, εἴπερ προέρχεται κατὰ χρόνον. ἀνάγκη. ἆρ᾽ οὖν μεμνήμεθα, ὅτι νεωτέρου γι- γνομένου τὸ πρεσβύτερον πρεσβύτερον γίγνεται; μεμνήμεθα. οὐκοῦν ἐπειδὴ πρεσβύτερον ἑαυτοῦ b γίγνεται Τὸ Ἕν, νεωτέρου ἂν γιγνομένου ἑαυτοῦ πρεσβύτερον γίγνοιτο; ἀνάγκη. γίγνεται μὲν δὴ νεώτερόν τε καὶ πρεσβύτερον αὑτοῦ οὕτως. ναί. ἔστι δὲ πρεσβύτερον ἆρ᾽ οὐχ ὅταν κατὰ τὸν νῦν χρόνον ᾖ γιγνόμενον, τὸν μεταξὺ τοῦ ἦν τε καὶ ἔσται; οὐ γάρ που πορευόμενόν γε ἐκ τοῦ ποτὲ εἰς τὸ ἔπειτα ὑπερβήσεται τὸ νῦν. οὐ γάρ. ἆρ᾽ οὖν οὐκ ἐπίσχει τότε τοῦ γίγνεσθαι πρεσβύτερον, ἐπειδὰν τῷ νῦν ἐντύχῃ, καὶ οὐ γίγνεται ἀλλ᾽ ἔστι c τότ᾽ ἤδη πρεσβύτερον; προϊὸν γὰρ οὐκ ἂν ποτε ληφθείη ὑπὸ τοῦ νῦν. τὸ γὰρ προϊὸν οὕτως ἔχει ὡς ἀμφοτέρων ἐφάπτεσθαι, τοῦ τε νῦν καὶ τοῦ ἔπειτα, τοῦ μὲν νῦν ἀφιέμενον, τοῦ δ᾽ ἔπειτα ἐπιλαμ- βανόμενον, μεταξὺ ἀμφοτέρων γιγνόμενον, τοῦ τε ἔπειτα καὶ τοῦ νῦν. ἀληθῆ. εἰ δέ γε ἀνάγκη μὴ παρελθεῖν τὸ νῦν πᾶν τὸ γιγνόμενον, ἐπειδὰν κατὰ τοῦτο ᾖ, ἐπίσχει ἀεὶ τοῦ γίγνεσθαι καὶ ἔστι τότε τοῦτο ὅ τι ἂν τύχῃ γιγνόμενον. φαίνεται. καὶ Τὸ d Ἕν ἄρα, ὅταν πρεσβύτερον γιγνόμενον ἐντύχῃ τῷ νῦν, ἐπέσχε τοῦ γίγνεσθαι καὶ ἔστι τότε πρεσβύ-

τερον. πάνυ μὲν οὖν. οὐκοῦν οὗπερ ἐγίγνετο
πρεσβύτερον, τούτου καὶ ἔστιν· ἐγίγνετο δὲ αὐτοῦ;
ναί. ἔστι δὲ τὸ πρεσβύτερον νεωτέρου πρεσβύ-
τερον; ἔστιν. καὶ νεώτερον ἄρα τότε αὐτοῦ ἐστι
Τὸ Ἕν, ὅταν πρεσβύτερον γιγνόμενον ἐντύχῃ τῷ
e νῦν. ἀνάγκη. τό γε μὴν νῦν ἀεὶ πάρεστι Τῷ Ἑνὶ
διὰ παντὸς τοῦ εἶναι· ἔστι γὰρ ἀεὶ νῦν ὅτανπερ ᾖ.
πῶς γὰρ οὔ; ἀεὶ ἄρα ἐστί τε καὶ γίγνεται πρεσβύ-
τερον ἑαυτοῦ καὶ νεώτερον Τὸ Ἕν. ἔοικεν. πλείω
δὲ χρόνον αὐτὸ ἑαυτοῦ ἔστιν ἢ γίγνεται, ἢ τὸν ἴσον;
τὸν ἴσον. ἀλλὰ μὴν τόν γε ἴσον χρόνον ἢ γιγνό-
μενον ἢ ὂν τὴν αὐτὴν ἡλικίαν ἔχει. πῶς δ᾽ οὔ; τὸ
δὲ τὴν αὐτὴν ἡλικίαν ἔχον οὔτε πρεσβύτερον οὔτε
νεώτερόν ἐστιν. οὐ γάρ. Τὸ Ἕν ἄρα τὸν ἴσον
χρόνον αὐτὸ ἑαυτῷ καὶ γιγνόμενον καὶ ὂν οὔτε
νεώτερον οὔτε πρεσβύτερον ἑαυτοῦ ἐστιν οὐδὲ γί-
153 γνεται. οὔ μοι δοκεῖ. τί δέ; Τῶν Ἄλλων; οὐκ ἔχω
λέγειν. τόδε γε μὴν ἔχεις λέγειν, ὅτι Τὰ Ἄλλα
Τοῦ Ἑνός, εἴπερ ἕτερά ἐστιν ἀλλὰ μὴ ἕτερον, πλείω
ἐστὶν ἑνός· ἕτερον μὲν γὰρ ὂν ἓν ἂν ἦν, ἕτερα δὲ
ὄντα πλείω ἑνός ἐστι καὶ πλῆθος ἂν ἔχοι. ἔχοι
γὰρ ἄν. πλῆθος δὲ ὂν ἀριθμοῦ πλείονος ἂν μετέχοι
ἢ Τοῦ Ἑνός. πῶς δ᾽ οὔ; τί οὖν; ἀριθμοῦ φήσομεν
τὰ πλείω γίγνεσθαί τε καὶ γεγονέναι πρότερον, ἢ
τὰ ἐλάττω; τὰ ἐλάττω. τὸ ὀλίγιστον ἄρα πρῶτον·
b τοῦτο δ᾽ ἔστι Τὸ Ἕν ἢ γάρ; ναί. πάντων ἄρα
Τὸ Ἕν πρῶτον γέγονε τῶν ἀριθμὸν ἐχόντων. ἔχει
δὲ καὶ Τἆλλα πάντα ἀριθμόν, εἴπερ ἄλλα καὶ μὴ
ἄλλο ἐστίν. ἔχει γάρ. πρῶτον δέ γε, οἶμαι, γεγο-
νὸς πρότερον γέγονε, Τὰ δὲ Ἄλλα ὕστερον· τὰ δ᾽
ὕστερον γεγονότα νεώτερα τοῦ πρότερον γεγονότος·

καὶ οὕτως ἂν εἴη Τἆλλα νεώτερα Τοῦ Ἑνός, Τὸ δὲ
Ἑν πρεσβύτερον Τῶν Ἄλλων. εἴη γὰρ ἄν. τί δὲ
τόδε; ἆρ' ἂν εἴη Τὸ Ἑν παρὰ φύσιν τὴν αὑτοῦ
γεγονός, ἢ ἀδύνατον; ἀδύνατον. ἀλλὰ μὴν μέρη ϲ
γε ἔχον ἐφάνη Τὸ Ἑν, εἰ δὲ μέρη, καὶ ἀρχὴν καὶ
τελευτὴν καὶ μέσον. ναί. οὐκοῦν πάντων πρῶτον
ἀρχὴ γίγνεται, καὶ αὐτοῦ Τοῦ Ἑνὸς καὶ ἑκάστου
Τῶν Ἄλλων, καὶ μετὰ τὴν ἀρχὴν καὶ τἆλλα πάντα
μέχρι τοῦ τέλους; τί μήν; καὶ μὴν μόριά γε φήσο-
μεν ταῦτ' εἶναι πάντα Τἆλλα Τοῦ Ὅλου τε καὶ Ἑνός,
αὐτὸ δὲ ἐκεῖνο ἅμα τῇ τελευτῇ γεγονέναι ἕν τε καὶ
ὅλον. φήσομεν γάρ. τελευτὴ δὲ οἶμαί γε ὕστατον
γίγνεται· τούτῳ δ' ἅμα Τὸ Ἑν πέφυκε γίγνεσθαι·
ὥστ' εἴπερ ἀνάγκη αὐτὸ Τὸ Ἑν μὴ παρὰ φύσιν ᵈ
γίγνεσθαι, ἅμα τῇ τελευτῇ ἂν γεγονὸς ὕστατον ἂν
Τῶν Ἄλλων πεφυκὸς εἴη γίγνεσθαι. φαίνεται.
νεώτερον ἄρα Τῶν Ἄλλων Τὸ Ἑν ἐστι, Τὰ δ' Ἄλλα
Τοῦ Ἑνὸς πρεσβύτερα. οὕτως αὖ μοι φαίνεται.
τί δὲ δή; ἀρχὴν ἢ ἄλλο μέρος ὁτιοῦν Τοῦ Ἑνὸς ἢ
ἄλλου ὁτουοῦν, ἐάνπερ μέρος ᾖ ἀλλὰ μὴ μέρη, οὐκ
ἀναγκαῖον ἓν εἶναι, μέρος γε ὄν; ἀνάγκη. οὐκοῦν
Τὸ Ἑν ἅμα τε τῷ πρώτῳ γιγνομένῳ γίγνοιτ' ἂν καὶ ᵉ
ἅμα τῷ δευτέρῳ, καὶ οὐδενὸς ἀπολείπεται τῶν ἄλλων
γιγνομένων, ὅ τι περ ἂν προσγίγνηται ὁτῳοῦν, ἕως
ἂν πρὸς τὸ ἔσχατον διελθὸν ὅλον ἓν γένηται, οὔτε
μέσου οὔτε πρώτου οὔτε ἐσχάτου οὔτε ἄλλου οὐδενὸς
ἀπολειφθὲν ἐν τῇ γενέσει. ἀληθῆ. πᾶσιν ἄρα
Τοῖς Ἄλλοις τὴν αὐτὴν ἡλικίαν ἴσχει Τὸ Ἑν. ὥστ'
εἰ μὴ παρὰ φύσιν πέφυκεν αὐτὸ Τὸ Ἑν, οὔτε πρό-
τερον οὔθ' ὕστερον Τῶν Ἄλλων γεγονὸς ἂν εἴη, ἀλλ'
ἅμα. καὶ κατὰ τοῦτον τὸν λόγον Τὸ Ἑν Τῶν Ἄλλων 154

οὔτε πρεσβύτερον οὔτε νεώτερον ἂν εἴη, οὐδὲ Τἆλλα
Τοῦ Ἑνός· κατὰ δὲ τὸν πρόσθεν πρεσβύτερόν τε
καὶ νεώτερον, καὶ Τἆλλα ἐκείνου ὡσαύτως. πάνυ
μὲν οὖν. ἔστι μὲν δὴ οὕτως ἔχον τε καὶ· γεγονός.
ἀλλὰ τί αὖ περὶ τοῦ γίγνεσθαι αὐτὸ πρεσβύτερόν
τε καὶ νεώτερον Τῶν Ἄλλων καὶ Τἆλλα Τοῦ Ἑνός,
καὶ μήτε νεώτερον μήτε πρεσβύτερον γίγνεσθαι;
ἆρα ὥσπερ περὶ τοῦ εἶναι, οὕτω καὶ περὶ τοῦ γίγν-
b εσθαι ἔχει, ἢ ἑτέρως; οὐκ ἔχω λέγειν. ἀλλ᾽ ἐγὼ
τοσόνδε γε, ὅτι εἰ καὶ ἔστι πρεσβύτερον ἕτερον
ἑτέρου, γίγνεσθαί τε αὐτὸ πρεσβύτερον ἔτι, ἢ ὡς
τὸ πρῶτον εὐθὺς γενόμενον διήνεγκε τῇ ἡλικίᾳ, οὐκ
ἂν ἔτι δύναιτο, οὐδ᾽ αὖ τὸ νεώτερον ὂν ἔτι νεώτερον
γίγνεσθαι· ἀνίσοις γὰρ ἴσα προστιθέμενα, χρόνῳ
τε καὶ ἄλλῳ ὁτῳοῦν, ἴσῳ ποιεῖ διαφέρειν ἀεὶ ὅσῳπερ
ἂν τὸ πρῶτον διενέγκῃ. πῶς γὰρ οὔ; οὐκ ἄρα τό
c γε ὂν τοῦ ὄντος γίγνοιτ᾽ ἄν ποτε πρεσβύτερον οὐδὲ
νεώτερον, εἴπερ ἴσῳ διαφέρει ἀεὶ τὴν ἡλικίαν· ἀλλ᾽
ἔστι καὶ γέγονε πρεσβύτερον, τὸ δὲ νεώτερον,
γίγνεται δ᾽ οὔ. ἀληθῆ. καὶ Τὸ Ἓν ἄρα ὂν Τῶν
Ἄλλων ὄντων οὔτε πρεσβύτερόν ποτε οὔτε νεώτερον
γίγνεται. οὐ γὰρ οὖν. ὅρα δὲ εἰ τῇδε πρεσβύτερα
καὶ νεώτερα γίγνεται. πῇ δή; ᾗ Τό τε Ἓν Τῶν
Ἄλλων ἐφάνη πρεσβύτερον καὶ Τἆλλα Τοῦ Ἑνός.
τί οὖν; ὅταν Τὸ Ἓν Τῶν Ἄλλων πρεσβύτερον ᾖ,
d πλείω που χρόνον γέγονεν ἢ Τὰ Ἄλλα. ναί.
πάλιν δὴ σκόπει· ἐὰν πλέονι καὶ ἐλάττονι χρόνῳ
προστιθῶμεν τὸν ἴσον χρόνον, ἆρα τῷ ἴσῳ μορίῳ
διοίσει τὸ πλέον τοῦ ἐλάττονος ἢ σμικροτέρῳ;
σμικροτέρῳ. οὐκ ἄρα ἔσται, ὅ τι περ τὸ πρῶτον
ἦν πρὸς Τἆλλα ἡλικίᾳ διαφέρον Τὸ Ἕν, τοῦτο καὶ

εἰς τὸ ἔπειτα, ἀλλὰ ἴσον λαμβάνον χρόνον Τοῖς
Ἄλλοις ἔλαττον ἀεὶ τῇ ἡλικίᾳ διοίσει αὐτῶν ἢ πρό-
τερον· ἢ οὔ; ναί. οὐκοῦν τό γε ἔλαττον διαφέρον
ἡλικίᾳ πρός τι ἢ πρότερον νεώτερον γίγνοιτ᾽ ἂν ἢ e
ἐν τῷ πρόσθεν πρὸς ἐκεῖνα, πρὸς ἃ ἦν πρεσβύτερον
πρότερον; νεώτερον. εἰ δὲ ἐκεῖνο νεώτερον, οὐκ
ἐκεῖνα αὖ Τἆλλα πρὸς Τὸ Ἓν πρεσβύτερα ἢ πρό-
τερον; πάνυ γε. τὸ μὲν νεώτερον ἄρα γεγονὸς πρε-
σβύτερον γίγνεται πρὸς τὸ πρότερον γεγονός τε καὶ
πρεσβύτερον ὄν, ἔστι δὲ οὐδέποτε πρεσβύτερον, ἀλλὰ
γίγνεται ἀεὶ ἐκείνου πρεσβύτερον· ἐκεῖνο μὲν γὰρ
ἐπὶ τὸ νεώτερον ἐπιδίδωσι, τὸ δ᾽ ἐπὶ τὸ πρεσβύτερον.
τὸ δ᾽ αὖ πρεσβύτερον τοῦ νεωτέρου νεώτερον γί- 155
γνεται ὡσαύτως. ἰόντε γὰρ αὐτοῖν εἰς τὸ ἐναντίον
τὸ ἐναντίον ἀλλήλοιν γίγνεσθον, τὸ μὲν νεώτερον
πρεσβύτερον τοῦ πρεσβυτέρου, τὸ δὲ πρεσβύτερον
νεώτερον τοῦ νεωτέρου· γενέσθαι δὲ οὐκ ἂν οἵω τε
εἴην. εἰ γὰρ γένοιντο, οὐκ ἂν ἔτι γίγνοιντο ἀλλ᾽
εἶεν ἄν, νῦν δὲ γίγνονται μὲν πρεσβύτερα ἀλλήλων
καὶ νεώτερα· Τὸ μὲν Ἓν Τῶν Ἄλλων νεώτερον
γίγνεται, ὅτι πρεσβύτερον ἐφάνη ὂν καὶ πρότερον
γεγονός, Τὰ δὲ Ἄλλα Τοῦ Ἑνὸς πρεσβύτερα, ὅτι b
ὕστερα γέγονε. κατὰ δὲ τὸν αὐτὸν λόγον καὶ Τἆλλα
οὕτω πρὸς Τὸ Ἓν ἴσχει, ἐπειδήπερ αὐτοῦ πρε-
σβύτερα ἐφάνη καὶ πρότερα γεγονότα. φαίνεται
γὰρ οὖν οὕτως. οὐκοῦν ᾗ μὲν οὐδὲν ἕτερον ἑτέρου
πρεσβύτερον γίγνεται οὐδὲ νεώτερον, κατὰ τὸ ἴσῳ
ἀριθμῷ ἀλλήλων ἀεὶ διαφέρειν, οὔτε Τὸ Ἓν Τῶν
Ἄλλων πρεσβύτερον γίγνοιτ᾽ ἂν οὐδὲ νεώτερον, οὔτε
Τἆλλα Τοῦ Ἑνός· ᾗ δὲ ἄλλῳ ἀεὶ μορίῳ διαφέρειν
ἀνάγκη τὰ πρότερα τῶν ὑστέρων γενόμενα καὶ τὰ c

ὕστερα τῶν προτέρων, ταύτῃ δὴ ἀνάγκη πρεσβύτερά
τε καὶ νεώτερα ἀλλήλων γίγνεσθαι Τά τε Ἄλλα Τοῦ
Ἑνὸς καὶ Τὸ Ἕν Τῶν Ἄλλων; πάνυ μὲν οὖν. κατὰ
δὴ πάντα ταῦτα Τὸ Ἕν αὐτό τε αὑτοῦ καὶ Τῶν
Ἄλλων πρεσβύτερον καὶ νεώτερον ἔστι τε καὶ γίγνε-
ται, καὶ οὔτε πρεσβύτερον οὔτε νεώτερον οὔτ᾽ ἔστιν
οὔτε γίγνεται οὔτε αὑτοῦ οὔτε τῶν ἄλλων. παντελῶς
μὲν οὖν. ἐπειδὴ δὲ χρόνου μετέχει Τὸ Ἕν καὶ τοῦ
d πρεσβύτερόν τε καὶ νεώτερον γίγνεσθαι, ἆρ᾽ οὐκ
ἀνάγκη καὶ τοῦ ποτὲ μετέχειν καὶ τοῦ ἔπειτα καὶ
τοῦ νῦν, εἴπερ χρόνου μετέχει; ἀνάγκη. ἦν ἄρα
Τὸ Ἕν καὶ ἔστι καὶ ἔσται καὶ ἐγίγνετο καὶ γίγνεται
καὶ γενήσεται. τί μήν; καὶ εἴη ἄν τι ἐκείνῳ καὶ
ἐκείνου, καὶ ἦν καὶ ἔστι καὶ ἔσται. πάνυ γε. καὶ
ἐπιστήμη δὴ εἴη ἂν αὐτοῦ καὶ δόξα καὶ αἴσθησις,
εἴπερ καὶ νῦν ἡμεῖς περὶ αὐτοῦ πάντα ταῦτα πράτ-
τομεν. ὀρθῶς λέγεις. καὶ ὄνομα δὴ καὶ λόγος
ἐστὶν αὐτῷ, καὶ ὀνομάζεται καὶ λέγεται· καὶ ὅσαπέρ
e καὶ περὶ Τὰ Ἄλλα τῶν τοιούτων τυγχάνει ὄντα,
καὶ περὶ Τὸ Ἕν ἐστιν. παντελῶς μὲν οὖν ἔχει
οὕτως.

ἔτι δὴ τὸ τρίτον λέγωμεν. (1) Τὸ Ἕν εἰ ἔστιν
οἷον διεληλύθαμεν, ἆρ᾽ οὐκ ἀνάγκη αὐτό, ἔν τε ὂν
καὶ πολλὰ καὶ μήτε ἓν μήτε πολλὰ καὶ μετέχον
χρόνου, ὅτι μὲν ἔστιν ἕν, οὐσίας μετέχειν ποτέ, ὅτι
δ᾽ οὐκ ἔστι, μὴ μετέχειν αὖ ποτὲ οὐσίας; ἀνάγκη.
ἆρ᾽ οὖν ὅτε μετέχει, οἷόν τε ἔσται τότε μὴ μετέχειν,
ἢ ὅτε μὴ μετέχει, μετέχειν; οὐχ οἷόν τε. ἐν ἄλλῳ
ἄρα χρόνῳ μετέχει καὶ ἐν ἄλλῳ οὐ μετέχει· οὕτω
γὰρ ἂν μόνως τοῦ αὐτοῦ μετέχοι τε καὶ οὐ μετέχοι.
156 ὀρθῶς. οὐκοῦν ἔστι καὶ οὗτος χρόνος ὅτε μεταλαμ-

(III.) The
Third Hy-
pothesis :
εἰ ἓν ἔστι
= εἰ ἓν
οὐσίας
μετέχει,
(1) the One
admits of
contrary
predicates
by means
of the
achronic
Point of In-
difference,

βάνει τοῦ εἶναι καὶ ὅτε ἀπαλλάττεται αὐτοῦ; ἢ πῶς
οἷόν τε ἔσται τοτὲ μὲν ἔχειν τὸ αὐτό, τοτὲ δὲ μὴ
ἔχειν, ἐὰν μή ποτε καὶ λαμβάνῃ αὐτὸ καὶ ἀφίῃ;
οὐδαμῶς. τὸ δὴ οὐσίας μεταλαμβάνειν ἆρ' οὐ
γίγνεσθαι καλεῖς; ἔγωγε. τὸ δὲ ἀπαλλάττεσθαι
οὐσίας ἆρ' οὐκ ἀπόλλυσθαι; καὶ πάνυ γε. Τὸ Ἕν
δή, ὡς ἔοικε, λαμβάνον τε καὶ ἀφιὲν οὐσίαν γίγνε-
ταί τε καὶ ἀπόλλυται. ἀνάγκη. (2) ἐν δὲ καὶ
πολλὰ ὄν, καὶ γιγνόμενον καὶ ἀπολλύμενον, ἆρ' οὐχ, b
ὅταν μὲν γίγνηται ἕν, τὸ πολλὰ εἶναι ἀπόλλυται,
ὅταν δὲ πολλά, τὸ ἓν εἶναι ἀπόλλυται; πάνυ γε.
ἐν δὲ γιγνόμενον καὶ πολλὰ ἆρ' οὐκ ἀνάγκη δια-
κρίνεσθαί τε καὶ συγκρίνεσθαι; πολλή γε. καὶ
μὴν ἀνόμοιόν γε καὶ ὅμοιον ὅταν γίγνηται, ὁμοιοῦ-
σθαί τε καὶ ἀνομοιοῦσθαι; ναί. καὶ ὅταν μεῖζον καὶ
ἔλαττον καὶ ἴσον, αὐξάνεσθαί τε καὶ φθίνειν καὶ
ἰσοῦσθαι; οὕτως. ὅταν δὲ κινούμενόν τε ἵστηται c
καὶ ὅταν ἑστὸς ἐπὶ τὸ κινεῖσθαι μεταβάλλῃ, δεῖ
δή που αὐτό γε μηδ' ἐν ἑνὶ χρόνῳ εἶναι. πῶς δή;
ἑστός τε πρότερον ὕστερον κινεῖσθαι καὶ πρότερον
κινούμενον ὕστερον ἑστάναι, ἄνευ μὲν τοῦ μετα-
βάλλειν οὐχ οἷόν τε ἔσται ταῦτα πάσχειν. πῶς γάρ;
χρόνος δέ γε οὐδεὶς ἔστιν, ἐν ᾧ τι οἷόν τε ἅμα μήτε
κινεῖσθαι μήθ' ἑστάναι. οὐ γὰρ οὖν. ἀλλ' οὐδὲ μὴν
μεταβάλλει ἄνευ τοῦ μεταβάλλειν. οὐκ εἰκός. πότ'
οὖν μεταβάλλει; οὔτε γὰρ ἑστὸς ἂν οὔτε κινούμενον d
μεταβάλλοι, οὔτ' ἐν χρόνῳ ὄν. οὐ γὰρ οὖν. ἆρ'
οὖν ἔστι τὸ ἄτοπον τοῦτο, ἐν ᾧ τότ' ἂν εἴη, ὅτε
μεταβάλλει; τὸ ποῖον δή; τὸ ἐξαίφνης. τὸ γὰρ
ἐξαίφνης τοιόνδε τι ἔοικε σημαίνειν, ὡς ἐξ ἐκείνου
μεταβάλλον εἰς ἑκάτερον. οὐ γὰρ ἔκ γε τοῦ ἑστάναι

(2) in
which, it
admits of
neither con-
trary.

ἑστῶτος ἔτι μεταβάλλει, οὐδ᾽ ἐκ τῆς κινήσεως κινου-
μένης ἔτι μεταβάλλει· ἀλλ᾽ ἡ ἐξαίφνης αὕτη φύσις
ἄτοπός τις ἐγκάθηται μεταξὺ τῆς κινήσεώς τε καὶ
e στάσεως, ἐν χρόνῳ οὐδενὶ οὖσα, καὶ εἰς ταύτην δὴ
καὶ ἐκ ταύτης τό τε κινούμενον μεταβάλλει ἐπὶ τὸ
ἑστάναι καὶ τὸ ἑστὸς ἐπὶ τὸ κινεῖσθαι. κινδυνεύει.
καὶ Τὸ Ἓν δή, εἴπερ ἕστηκέ τε καὶ κινεῖται, μετα-
βάλλοι ἂν ἐφ᾽ ἑκάτερα· μόνως γὰρ ἂν οὕτως ἀμφό-
τερα ποιεῖ· μεταβάλλον δ᾽ ἐξαίφνης μεταβάλλει,
καὶ ὅτε μεταβάλλει, ἐν οὐδενὶ χρόνῳ ἂν εἴη, οὐδὲ
κινοῖτ᾽ ἂν τότε, οὐδ᾽ ἂν σταίη. οὐ γάρ. ἆρ᾽ οὖν
οὕτω καὶ πρὸς τὰς ἄλλας μεταβολὰς ἔχει, ὅταν ἐκ
157 τοῦ εἶναι εἰς τὸ ἀπόλλυσθαι μεταβάλλῃ ἢ ἐκ τοῦ μὴ
εἶναι εἰς τὸ γίγνεσθαι, μεταξύ τινων τότε γίγνεται
κινήσεών τε καὶ στάσεων, καὶ οὔτε ἔστι τότε οὔτε
οὐκ ἔστι, οὔτε γίγνεται οὔτε ἀπόλλυται; ἔοικε γοῦν.
κατὰ δὴ τὸν αὐτὸν λόγον καὶ ἐξ ἑνὸς ἐπὶ πολλὰ ἰὸν
καὶ ἐκ πολλῶν ἐφ᾽ ἓν οὔτε ἕν ἐστιν οὔτε πολλά, οὔτε
διακρίνεται οὔτε συγκρίνεται. καὶ ἐξ ὁμοίου ἐπὶ
ἀνόμοιον καὶ ἐξ ἀνομοίου ἐπὶ ὅμοιον ἰὸν οὔτε ὅμοιον
οὔτε ἀνόμοιον, οὔτε ὁμοιούμενον οὔτε ἀνομοιούμενον.
b καὶ ἐκ σμικροῦ ἐπὶ μέγα καὶ ἐπὶ ἴσον καὶ εἰς τὰ
ἐναντία ἰὸν οὔτε σμικρὸν οὔτε μέγα οὔτε ἴσον, οὔτε
αὐξανόμενον οὔτε φθίνον οὔτε ἰσούμενον εἴη ἄν.
οὐκ ἔοικε. ταῦτα δὴ τὰ παθήματα πάντ᾽ ἂν πάσχοι
Τὸ Ἓν, εἰ ἔστιν. πῶς δ᾽ οὔ;
τί δὲ Τοῖς Ἄλλοις προσήκοι ἂν πάσχειν, Ἓν εἰ
ἔστιν, ἆρα οὐ σκεπτέον; σκεπτέον. (1) λέγωμεν
δή, ἓν εἰ ἔστι, Τἆλλα Τοῦ Ἑνὸς τί χρὴ πεπονθέναι;
λέγωμεν. οὐκοῦν ἐπείπερ ἄλλα Τοῦ Ἑνός ἐστιν,
οὔτε Τὸ Ἓν ἐστι Τἆλλα· οὐ γὰρ ἂν ἄλλα Τοῦ Ἑνὸς

(IV.) The
Fourth Hy-
pothesis:
the effect of
the exist-
ence of the
One on
Τἆλλα:
they

*admit con-
trary pre-
dicates.*
(1) If the
One exist,
Τἆλλα
will not be
one; but
(2) Τἆλλα
cannot be
altogether
uncon-
nected with
the One,
but
(3) will
bear to it
the relation
of Frac-
tional
Parts to an
Integral
Whole;
and in the
same way
(4) each
Part is
related to
Unity as
the Parts
of the
Whole are
related to
Unity;
and, there-
fore,

(5) as
Τἆλλα
both in the
Whole and
in the Parts
cannot be
Unity,
Τἆλλα,
when con-
sidered
alone, can
only have
the relation
of In-
definite

ἦν. ὀρθῶς. (2) οὐδὲ μὴν στέρεταί γε παντάπασι c
Τοῦ Ἑνὸς Τἆλλα, ἀλλὰ μετέχει πη. πῆ δή; (3) ὅτι
ποῦ Τὰ Ἄλλα Τοῦ Ἑνὸς μόρια ἔχοντα ἄλλα ἐστίν·
εἰ γὰρ μόρια μὴ ἔχοι, παντελῶς ἂν ἓν εἴη. ὀρθῶς.
(4) μόρια δέ γε, φαμέν, τούτου ἐστὶν ὃ ἂν ὅλον ᾖ.
φαμὲν γάρ. ἀλλὰ μὴν τό γε ὅλον ἓν ἐκ πολλῶν
ἀνάγκη εἶναι, οὗ ἔσται μόρια τὰ μόρια. ἕκαστον
γὰρ τῶν μορίων οὐ πολλῶν μόριον χρὴ εἶναι, ἀλλὰ
ὅλου. πῶς τοῦτο; εἴ τι πολλῶν μόριον εἴη, ἐν οἷς
αὐτὸ εἴη, ἑαυτοῦ τε δή που μόριον ἔσται, ὃ ἐστιν d
ἀδύνατον, καὶ Τῶν Ἄλλων δὴ ἑνὸς ἑκάστου, εἴπερ
καὶ πάντων. ἑνὸς γὰρ μὴ ὂν μόριον, πλὴν τούτου
Τῶν Ἄλλων ἔσται, καὶ οὕτως ἑνὸς ἑκάστου οὐκ ἔσται
μόριον, μὴ ὂν δὲ μόριον ἑκάστου οὐδενὸς τῶν
πολλῶν ἔσται. μηδενὸς δὲ ὂν πάντων τούτων τι
εἶναι, ὧν οὐδενὸς οὐδέν ἐστι, καὶ μόριον καὶ ἄλλο
ὁτιοῦν ἀδύνατον εἶναι. φαίνεταί γε δή. οὐκ ἄρα
τῶν πολλῶν οὐδὲ πάντων τὸ μόριον μόριον, ἀλλὰ
μιᾶς τινὸς ἰδέας καὶ ἑνός τινος, ὃ καλοῦμεν ὅλον, e
ἐξ ἁπάντων ἓν τέλειον γεγονός, τούτου μόριον ἂν
τὸ μόριον εἴη. παντάπασι μὲν οὖν. εἰ ἄρα Τἆλλα
μόρια ἔχει, κἂν Τοῦ Ὅλου τε καὶ Ἑνὸς μετέχοι. πάνυ
γε. ἓν ἄρα ὅλον τέλειον μόρια ἔχον ἀνάγκη εἶναι
Τἆλλα Τοῦ Ἑνός. ἀνάγκη. (5) καὶ μὴν καὶ περὶ
τοῦ μορίου γε ἑκάστου ὁ αὐτὸς λόγος. καὶ γὰρ
τοῦτο ἀνάγκη μετέχειν Τοῦ Ἑνός. εἰ γὰρ ἕκαστον
αὐτῶν μόριόν ἐστι, τό γε ἕκαστον εἶναι ἓν δή που 158
σημαίνει, ἀφωρισμένον μὲν Τῶν Ἄλλων, καθ᾽ αὑτὸ
δὲ ὄν, εἴπερ ἕκαστον ἔσται. ὀρθῶς. μετέχοι δέ γε
ἂν Τοῦ Ἑνὸς δῆλον ὅτι ἄλλο ὂν ἢ ἕν· οὐ γὰρ ἂν
μετεῖχεν, ἀλλ᾽ ἦν ἂν αὐτὸ ἕν· νῦν δὲ ἑνὶ μὲν εἶναι

ΠΑΡΜΕΝΙΔΗΣ. 49

πλὴν αὐτῷ Τῷ Ἑνὶ ἀδύνατόν που. ἀδύνατον. μετέχειν δὲ Τοῦ Ἑνὸς ἀνάγκη τῷ τε ὅλῳ καὶ τῷ μορίῳ. τὸ μὲν γὰρ ἓν ὅλον ἔσται, οὗ μόρια τὰ μόρια· τὸ δ' αὖ ἕκαστον ἓν μόριον τοῦ ὅλου, οὗ ἂν ᾖ μόριον b ὅλου. οὕτως. (6) οὐκοῦν ἕτερα ὄντα Τοῦ Ἑνὸς μεθέξει τὰ μετέχοντα αὐτοῦ; πῶς δ' οὔ; τὰ δ' ἕτερα Τοῦ Ἑνὸς πολλά που ἂν εἴη. εἰ γὰρ μήθ' ἓν μήθ' ἑνὸς πλείω εἴη Τἆλλα Τοῦ Ἑνός, οὐδὲν ἂν εἴη. οὐ γὰρ οὖν. ἐπεὶ δέ γε πλείω ἑνός ἐστι τά τε Τοῦ Ἑνὸς μορίου καὶ Τὰ Τοῦ Ἑνὸς ὅλου μετέχοντα, οὐκ ἀνάγκη ἤδη πλήθει ἄπειρα εἶναι αὐτά γε ἐκεῖνα τὰ μεταλαμβάνοντα Τοῦ Ἑνός; πῶς; ὧδε ἴδωμεν. ἄλλο τι οὐχ ἓν ὄντα οὐδὲ μετέχοντα τοῦ ἑνὸς τότε, c ὅτε μεταλαμβάνει αὐτοῦ, μεταλαμβάνει; δῆλα δή. οὐκοῦν πλήθη ὄντα, ἐν οἷς Τὸ Ἓν οὐκ ἔνι; πλήθη μέντοι. τί οὖν; εἰ ἐθέλοιμεν τῇ διανοίᾳ τῶν τοιούτων ἀφελεῖν ὡς οἷοί τέ ἐσμεν ὅ τι ὀλίγιστον, οὐκ ἀνάγκη καὶ τὸ ἀφαιρεθὲν ἐκεῖνο, εἴπερ Τοῦ Ἑνὸς μὴ μετέχοι, πλῆθος εἶναι καὶ οὐχ ἕν; ἀνάγκη. οὐκοῦν οὕτως ἀεὶ σκοποῦντι αὐτὴν καθ' αὑτὴν τὴν ἑτέραν φύσιν τοῦ εἴδους, ὅσον ἂν αὐτῆς ἀεὶ ὁρῶμεν, ἄπειρον ἔσται πλήθει; παντάπασι μὲν οὖν. καὶ d μὴν ἐπειδάν γε ἓν ἕκαστον μόριον μόριον γένηται, πέρας ἤδη ἔχει πρὸς ἄλληλα καὶ πρὸς τὸ ὅλον, καὶ τὸ ὅλον πρὸς τὰ μόρια. κομιδῇ μὲν οὖν. Τοῖς Ἄλλοις δὴ Τοῦ Ἑνὸς ξυμβαίνει ἐκ μὲν Τοῦ Ἑνὸς καὶ ἐξ ἑαυτῶν κοινωνησάντων, ὡς ἔοικεν, ἕτερόν τι γίγνεσθαι ἐν ἑαυτοῖς, ὃ δὴ πέρας παρέσχε πρὸς ἄλληλα· ἡ δ' ἑαυτῶν φύσις καθ' ἑαυτὰ ἀπειρίαν. φαίνεται. οὕτω δὴ Τὰ Ἄλλα Τοῦ Ἑνὸς καὶ ὅλα καὶ κατὰ μόρια ἄπειρά τέ ἐστι καὶ πέρατος μετέχει.

E

Quantity to an index, therefore

(6) Τἆλλα will be, when taken apart from Unity, indefinite; and when taken in conjunction with Unity, definite; and, therefore,

(7) Τἆλλα will admit of the opposite predicates of Similarity and Dissimilarity, and of the other modes of Quality above enumerated.

πάνυ γε. (7) οὐκοῦν καὶ ὅμοιά τε καὶ ἀνόμοια e ἀλλήλοις τε καὶ ἑαυτοῖς; πῇ δή; ᾗ μέν που ἄπειρά ἐστι κατὰ τὴν ἑαυτῶν φύσιν πάντα, ταὐτὸν πεπονθότα ἂν εἴη ταύτῃ. πάνυ γε. καὶ μὴν ᾗ γε ἅπαντα πέρατος μετέχει, καὶ ταύτῃ πάντ᾽ ἂν εἴη ταὐτὸν πεπονθότα. πῶς δ᾽ οὔ; ᾗ δέ γε πεπερασμένα τε εἶναι καὶ ἄπειρα πέπονθεν, ἐναντία πάθη ἀλλήλοις ὄντα ταῦτα τὰ πάθη πέπονθεν. ναί. τὰ δ᾽ ἐναντία 159 γε ὡς οἷόν τε ἀνομοιότατα. τί μήν; κατὰ μὲν ἄρα ἑκάτερον τὸ πάθος ὅμοια ἂν εἴη αὐτά τε αὐτοῖς καὶ ἀλλήλοις, κατὰ δ᾽ ἀμφότερα ἀμφοτέρως ἐναντιώτατά τε καὶ ἀνομοιότατα. κινδυνεύει. οὕτω δὴ Τὰ Ἄλλα αὐτά τε αὐτοῖς καὶ ἀλλήλοις ὅμοιά τε καὶ ἀνόμοια ἂν εἴη. οὕτως. καὶ ταὐτὰ δὴ καὶ ἕτερα ἀλλήλων, καὶ κινούμενα καὶ ἑστῶτα, καὶ πάντα τὰ ἐναντία πάθη οὐκέτι χαλεπῶς εὑρήσομεν πεπονθότα Τἆλλα Τοῦ Ἑνός, ἐπείπερ καὶ ταῦτα ἐφάνη πεπονθότα. b ὀρθῶς λέγεις.

(V.) The Fifth Hypothesis: ἓν εἰ ἔστι: the effect of the existence of the One on Τἆλλα further considered, i.e., Τἆλλα owe their contrary and all other predicates to Τὸ Ἕν.

(1) If Τἆλλα be distinct from the One, and if

οὐκοῦν ταῦτα μὲν ἤδη ἐῶμεν ὡς φανερά, ἐπισκοπῶμεν δὲ πάλιν, ἓν εἰ ἔστιν, ἆρα καὶ οὐχ οὕτως ἔχει Τὰ Ἄλλα Τοῦ Ἑνὸς ἢ οὕτω μόνον; πάνυ μὲν οὖν. λέγωμεν δὴ ἐξ ἀρχῆς, ἓν εἰ ἔστι, τί χρὴ Τὰ Ἄλλα Τοῦ Ἑνὸς πεπονθέναι. λέγωμεν γάρ. (1) ἆρ᾽ οὖν οὐ χωρὶς μὲν Τὸ Ἕν Τῶν Ἄλλων, χωρὶς δὲ Τἆλλα Τοῦ Ἑνὸς εἶναι; τί δή; ὅτι που οὐκ ἔστι παρὰ ταῦτα ἕτερον, ὃ ἄλλο μὲν ἔστι Τοῦ Ἑνός, ἄλλο δὲ Τῶν Ἄλλων. πάντα γὰρ εἴρηται, ὅταν ῥηθῇ Τό c τε Ἕν καὶ Τἆλλα. πάντα γάρ. οὐκ ἄρα ἔτ᾽ ἔστιν ἕτερον τούτων, ἐν ᾧ Τό τε Ἕν ἂν εἴη τῷ αὐτῷ, καὶ Τἆλλα. οὐ γάρ. οὐδέποτε ἄρα ἐν ταὐτῷ ἐστὶ Τὸ Ἕν καὶ Τἆλλα. οὐκ ἔοικεν. χωρὶς ἄρα; ναί.

(2) οὐδὲ μὴν μόριά γε ἔχειν φαμὲν Τὸ ὡς ἀληθῶς ἕν. πῶς γάρ; οὔτ᾽ ἄρα ὅλον εἴη ἂν Τὸ ῞Εν ἐν Τοῖς ῎Αλλοις οὔτε μόρια αὐτοῦ, εἰ χωρίς τέ ἐστι Τῶν ῎Αλλων καὶ μόρια μὴ ἔχει. πῶς γάρ; οὐδενὶ ἄρα

d τρόπῳ μετέχοι ἂν Τἆλλα Τοῦ ῾Ενός, μήτε κατὰ μόριόν τι αὐτοῦ μήτε κατὰ ὅλον μετέχοντα. οὐκ ἔοικεν. οὐδαμῇ ἄρα ἐν Τἆλλα ἐστίν, οὐδ᾽ ἔχει ἐν ἑαυτοῖς ἐν οὐδέν. οὐ γὰρ οὖν. οὐδ᾽ ἄρα πολλά ἐστι Τἆλλα. ἐν γὰρ ἂν ἦν ἕκαστον αὐτῶν μόριον τοῦ ὅλου, εἰ πολλὰ ἦν· νῦν δὲ οὔθ᾽ ἐν οὔτε πολλὰ οὔθ᾽ ὅλον οὔτε μόριά ἐστι Τἆλλα Τοῦ ῾Ενός, ἐπειδὴ αὐτοῦ οὐδαμῇ μετέχει. ὀρθῶς. (3) οὐδ᾽ ἄρα δύο οὐδὲ τρία οὔτε αὐτά ἐστι Τὰ ῎Αλλα οὔτε ἔνεστιν

e ἐν αὐτοῖς, εἴπερ Τοῦ ῾Ενός πανταχῇ στέρεται. οὕτως. (4) οὐδὲ ὅμοια ἄρα καὶ ἀνόμοια οὔτε αὐτά ἐστι Τῷ ῾Ενὶ Τἆλλα, οὔτε ἔνεστιν ἐν αὐτοῖς ὁμοιότης καὶ ἀνομοιότης. εἰ γὰρ ὅμοια καὶ ἀνόμοια αὐτὰ εἴη ἢ ἔχοι ἐν ἑαυτοῖς ὁμοιότητα καὶ ἀνομοιότητα, δύο που εἴδη ἐναντία ἀλλήλοις ἔχοι ἂν ἐν ἑαυτοῖς Τὰ ῎Αλλα Τοῦ ῾Ενός. φαίνεται. ἦν δέ γε ἀδύνατον δυοῖν τινοῖν μετέχειν ἃ μηδ᾽ ἑνὸς μετέχοι. ἀδύνατον. οὔτ᾽ ἄρα ὅμοια οὔτ᾽ ἀνόμοιά ἐστιν οὔτ᾽ ἀμφότερα

160 Τἆλλα. ὅμοια μὲν γὰρ ὄντα ἢ ἀνόμοια ἑνὸς ἂν τοῦ ἑτέρου εἴδους μετέχοι, ἀμφότερα δὲ ὄντα δυοῖν τοῖν ἐναντίοιν· ταῦτα δὲ ἀδύνατα ἐφάνη. ἀληθῆ. οὐδ᾽ ἄρα Τὰ αὐτὰ οὐδ᾽ ἕτερα, οὐδὲ κινούμενα οὐδὲ ἑστῶτα, οὐδὲ γιγνόμενα οὐδὲ ἀπολλύμενα, οὐδὲ μείζω οὐδὲ ἐλάττω οὐδὲ ἴσα· οὐδὲ ἄλλο οὐδὲν πέπονθε τῶν τοιούτων. εἰ γάρ τι τοιοῦτον πεπονθέναι ὑπομένει Τὰ ῎Αλλα, καὶ ἑνὸς καὶ δυοῖν καὶ τριῶν καὶ περιττοῦ καὶ ἀρτίου μεθέξει, ὧν αὐτοῖς ἀδύνατον

E 2

---

the One and Τἆλλα be an exhaustive division, there can be no middle term between the two, therefore,

(2) Τἆλλα can in no way admit the One, either fractionally or integrally, nor can Τἆλλα admit Plurality, which is a mode of the One, and, therefore,

(3) not Two, or any other number, each of which is a repetition of Unity; and, therefore,

(4) not of Similarity or Dissimilarity, or any other mode of Quality whatsover, if the One be completely eliminated. *The conclusion of the four last hypotheses is: that, if the One exist, the One must exist as all actual individual*

existences, and the One, being so far pluralized, cannot be one; and both these propositions hold, with regard to the One when considered both apart from Τἄλλα, and likewise in relation to Τἄλλα (Hypotheses 2 and 3): and both these propositions hold, with regard to Τἄλλα when considered both in relation to the One (Hypothesis 4), and also when considered apart from the One (Hypothesis 5).

ἐφάνη μετέχειν, Τοῦ Ἑνός γε πάντη πάντως b στερομένοις. ἀληθέστατα. οὕτω δὴ ἓν εἰ ἔστι, πάντα τέ ἐστι Τὸ Ἕν καὶ οὐδέν ἐστι καὶ πρὸς ἑαυτὸ καὶ πρὸς Τὰ Ἄλλα ὡσαύτως. παντελῶς μὲν οὖν.

εἶεν· εἰ δὲ δὴ μὴ ἔστι Τὸ Ἕν, τί χρὴ συμβαίνειν, ἆρ᾽ οὐ σκεπτέον μετὰ ταῦτα; σκεπτέον γάρ. τίς οὖν ἂν εἴη αὕτη ἡ ὑπόθεσις, εἰ ἓν μὴ ἔστιν; ἆρά τι διαφέρει τῆσδε, εἰ μὴ ἓν μὴ ἔστιν; διαφέρει μέντοι. διαφέρει μόνον, ἢ καὶ πᾶν τοὐναντίον ἐστὶν εἰπεῖν, εἰ μὴ ἓν μὴ ἔστι, τοῦ εἰ ἓν μὴ ἔστιν; πᾶν τοὐναν- c τίον. τί δ᾽ εἴ τις λέγοι, εἰ Μέγεθος μὴ ἔστιν ἢ Σμικρότης μὴ ἔστιν ἤ τι ἄλλο τῶν τοιούτων, ἆρα ἐφ᾽ ἑκάστου ἂν δηλοῖ, ὅτι ἕτερόν τι λέγοι τὸ μὴ ὄν; πάνυ γε. οὐκοῦν καὶ νῦν δηλοῖ, ὅτι ἕτερον λέγει Τῶν Ἄλλων τὸ μὴ ὄν, ὅταν εἴπῃ ἓν εἰ μὴ ἔστι, καὶ ἴσμεν ὃ λέγει; ἴσμεν. πρῶτον μὲν ἄρα γνωστόν τι λέγει, ἔπειτα ἕτερον τῶν ἄλλων, ὅταν εἴπῃ ἕν, εἴτε τὸ εἶναι αὐτῷ προσθεὶς εἴτε τὸ μὴ εἶναι· οὐδὲν γὰρ ἧττον γιγνώσκεται, τί τὸ λεγόμενον μὴ εἶναι, d καὶ ὅτι διάφορον τῶν ἄλλων. ἢ οὔ; ἀνάγκη.

(B.) The negative argument. The meaning of Negation: Negation implies knowledge and difference.

(VI.) The Sixth Hypothesis: ἓν εἰ μὴ ἔστι = εἰ τὸ ἓν ἔστι μή

ὧδε ἄρα λεκτέον ἐξ ἀρχῆς, ἓν εἰ μὴ ἔστι, τί χρὴ εἶναι. (1) πρῶτον μὲν οὖν αὐτῷ τοῦτο ὑπάρχειν δεῖ, ὡς ἔοικεν, εἶναι αὐτοῦ ἐπιστήμην, ἢ μηδὲ ὃ τι λέγεται γιγνώσκεσθαι, ὅταν τις εἴπῃ ἓν εἰ μὴ ἔστιν. ἀληθῆ. (2) οὐκοῦν καὶ Τὰ Ἄλλα ἕτερ᾽ αὐτοῦ εἶναι, ἢ μηδὲ ἐκεῖνο ἕτερον Τῶν Ἄλλων λέγεσθαι; πάνυ γε. καὶ ἑτεροιότης ἄρα ἐστὶν αὐτῷ πρὸς τῇ ἐπιστήμῃ. οὐ γὰρ τὴν Τῶν Ἄλλων ἑτεροιότητα λέγει, ὅταν Τὸ Ἕν ἕτερον Τῶν Ἄλλων λέγῃ, ἀλλὰ e τὴν ἐκείνου. φαίνεται. (3) καὶ μὴν τοῦ γε ἐκείνου

καὶ τοῦ τινὸς καὶ τούτου καὶ τούτῳ καὶ τούτων καὶ
πάντων τῶν τοιούτων μετέχει τὸ μὴ ὂν ἕν. οὐ γὰρ
ἂν Τὸ ῝Εν ἐλέγετο οὐδ᾽ ἂν Τοῦ ῝Ενὸς ἕτερα, οὐδ᾽
ἐκείνῳ ἄν τι ἦν οὐδ᾽ ἐκείνου, οὐδ᾽ ἄν τι ἐλέγετο, εἰ
μήτε τοῦ τινὸς αὐτῷ μετῆν μήτε τῶν ἄλλων· τούτων.
ὀρθῶς. εἶναι μὲν δὴ Τῷ ῝Ενὶ οὐχ οἷόν τε, εἴπερ
161 γε μὴ ἔστι, μετέχειν δὲ πολλῶν οὐδὲν κωλύει, ἀλλὰ
καὶ ἀνάγκη, εἴπερ Τό γε ῝Εν ἐκεῖνο καὶ μὴ ἄλλο
μὴ ἔστιν. εἰ μέντοι μήτε Τὸ ῝Εν μήτ᾽ ἐκεῖνο μὴ
ἔσται, ἀλλὰ περὶ ἄλλου του ὁ λόγος, οὐδὲ φθέγ-
γεσθαι δεῖ οὐδέν· εἰ δὲ Τὸ ῝Εν ἐκεῖνο καὶ μὴ ἄλλο
ὑπόκειται μὴ εἶναι, καὶ τοῦ ἐκείνου καὶ ἄλλων
πολλῶν ἀνάγκη αὐτῷ μετεῖναι. καὶ πάνυ γε.
(4) καὶ Ἀνομοιότης ἄρ᾽ ἔστιν αὐτῷ πρὸς τὰ ἄλλα.
Τὰ γὰρ ῎Αλλα, Τοῦ ῝Ενὸς ἕτερα ὄντα, ἑτεροῖα καὶ
εἴη ἄν. ναί. τὰ δ᾽ ἑτεροῖα οὐκ ἀλλοῖα; πῶς δ᾽
b οὔ; τὰ δ᾽ ἀλλοῖα οὐκ ἀνόμοια; ἀνόμοια μὲν οὖν.
οὐκοῦν εἴπερ Τῷ ῝Ενὶ ἀνόμοιά ἐστι, δῆλον ὅτι
ἀνομοίῳ τά γε ἀνόμοια ἀνόμοια ἂν εἴη. δῆλον.
εἴη δὴ ἂν καὶ Τῷ ῝Ενὶ ἀνομοιότης, πρὸς ἣν Τὰ
῎Αλλα ἀνόμοια αὐτῷ ἐστίν. ἔοικεν. εἰ δὲ δὴ Τῶν
῎Αλλων ἀνομοιότης ἔστιν αὐτῷ, ἆρ᾽ οὐκ ἀνάγκη
ἑαυτοῦ ὁμοιότητα αὐτῷ εἶναι; πῶς; εἰ ἑνὸς ἀνο-
μοιότης ἔστι Τῷ ῝Ενί, οὐκ ἄν που περὶ τοῦ τοιούτου
ὁ λόγος εἴη οἷον Τοῦ ῝Ενός, οὐδ᾽ ἂν ἡ ὑπόθεσις εἴη
περὶ ἑνός, ἀλλὰ περὶ ἄλλου ἢ ἑνός. πάνυ γε. οὐ
c δεῖ δέ γε. οὐ δῆτα. δεῖ ἄρ᾽ ὁμοιότητα Τῷ ῝Ενὶ
αὐτοῦ ἑαυτῷ εἶναι. δεῖ. (5) καὶ μὴν οὐδ᾽ αὖ ἴσον
ἐστὶ τοῖς ἄλλοις. εἰ γὰρ εἴη ἴσον, εἴη τε ἂν ἤδη
καὶ ὅμοιον ἂν εἴη αὐτοῖς κατὰ τὴν ἰσότητα· ταῦτα
δ᾽ ἀμφότερα ἀδύνατα, εἴπερ μὴ ἔστιν ἕν. ἀδύνατα.

ὂν, if the One is non-existent—μὴ ὂν—τὸ ῝Εν μὴ ὂν admits of the contrary predicates, . Production and Destruction, and is subject to neither Production nor Destruction. (1) Non-existence implies Knowledge, and (2) Difference, and, therefore, the non-existent One must be distinguished from Τἆλλα, everything else: (3) the non-existent One admits of the various relations (4) of Dissimilarity to Τἆλλα, everything else, and therefore of Similarity with itself: (5) of Equality, Excess, and Defect ;

ἐπειδὴ δὲ οὐκ ἔστι Τοῖς Ἄλλοις ἴσον, ἆρ' οὐκ
ἀνάγκη καὶ τἄλλ' ἐκείνῳ μὴ ἴσα εἶναι; ἀνάγκη.
τὰ δὲ μὴ ἴσα οὐκ ἄνισα; ναί. τὰ δὲ ἄνισα οὐ
Τῷ Ἀνίσῳ ἄνισα; πῶς δ' οὔ; καὶ Ἀνισότητος δὴ
μετέχει Τὸ Ἕν, πρὸς ἣν Τἄλλ' αὐτῷ ἐστὶν ἄνισα; d
μετέχει. ἀλλὰ μέντοι Ἀνισότητός γ' ἐστὶ Μέγεθός
τε καὶ Σμικρότης. ἔστι γάρ. ἔστιν ἄρα καὶ
Μέγεθός τε καὶ Σμικρότης τῷ τοιούτῳ ἑνί; κινδυ-
νεύει. Μέγεθος μὴν καὶ Σμικρότης ἀεὶ ἀφέστατον
ἀλλήλοιν. πάνυ γε. μεταξὺ ἄρα τι αὐτοῖν ἀεί
ἐστιν. ἔστιν. ἔχεις οὖν τι ἄλλο εἰπεῖν μεταξὺ
αὐτοῖν ἢ Ἰσότητα; οὔκ, ἀλλὰ τοῦτο. ὅτῳ ἄρα
ἔστι Μέγεθος καὶ Σμικρότης, ἔστι καὶ Ἰσότης αὐτῷ,
μεταξὺ τούτοιν οὖσα. φαίνεται. Τῷ δὴ Ἑνὶ μὴ e
ὄντι, ὡς ἔοικε, καὶ Ἰσότητος ἂν μετείη καὶ Μεγέ-
θους καὶ Σμικρότητος. ἔοικεν. (6) καὶ μὴν καὶ (6) of Exis-
οὐσίας γε δεῖ αὐτὸ μετέχειν πῃ. πῶς δή; ἔχειν tence, and,
therefore,
αὐτὸ δεῖ οὕτως ὡς λέγομεν. εἰ γὰρ μὴ οὕτως ἔχοι,
οὐκ ἂν ἀληθῆ λέγοιμεν ἡμεῖς λέγοντες Τὸ Ἕν μὴ
εἶναι· εἰ δὲ ἀληθῆ, δῆλον ὅτι ὄντα αὐτὰ λέγομεν·
ἢ οὐχ οὕτως; οὕτω μὲν οὖν. ἐπειδὴ δέ φαμεν
ἀληθῆ λέγειν, ἀνάγκη ἡμῖν φάναι καὶ ὄντα λέγειν.
ἀνάγκη. ἔστιν ἄρα, ὡς ἔοικε, Τὸ Ἕν οὐκ ὄν. εἰ 162
γὰρ μὴ ἔσται μὴ ὄν, ἀλλά τι τοῦ εἶναι ἀνήσει πρὸς
τὸ μὴ εἶναι, εὐθὺς ἔσται ὄν. παντάπασι μὲν οὖν.
δεῖ ἄρα αὐτὸ δεσμὸν ἔχειν τοῦ μὴ εἶναι τὸ εἶναι
μὴ ὄν, εἰ μέλλει μὴ εἶναι, ὁμοίως ὥσπερ τὸ ὂν τὸ
μὴ ὂν ἔχειν μὴ εἶναι, ἵνα τελέως αὖ εἶναι ᾖ. οὕτως
γὰρ ἂν τό τε ὂν μάλιστ' ἂν εἴη καὶ τὸ μὴ ὂν οὐκ
ἂν εἴη, μετέχοντα τὸ μὲν ὂν οὐσίας τοῦ εἶναι ὄν,
μὴ οὐσίας δὲ τοῦ εἶναι μὴ ὄν, εἰ μέλλει τελέως b

εἶναι, τὸ δὲ μὴ ὂν μὴ οὐσίας μὲν τοῦ μὴ εἶναι μὴ
ὄν, οὐσίας δὲ τοῦ εἶναι μὴ ὄν, εἰ καὶ τὸ μὴ ὂν αὖ
τελέως μὴ ἔσται. ἀληθέστατα. οὐκοῦν ἐπείπερ τῷ
τε ὄντι τοῦ μὴ εἶναι καὶ τῷ μὴ ὄντι τοῦ εἶναι μέ-
τεστι, καὶ Τῷ Ἑνί, ἐπειδὴ οὐκ ἔστι, τοῦ εἶναι
ἀνάγκη μετεῖναι εἰς τὸ μὴ εἶναι. ἀνάγκη. καὶ
οὐσία δὴ φαίνεται Τῷ Ἑνί, εἰ μὴ ἔστιν. φαίνεται.
καὶ μὴ οὐσία ἄρα, εἴπερ μὴ ἔστιν. πῶς δ᾽ οὔ;
(7) οἷόν τε οὖν τὸ ἔχον πως μὴ ἔχειν οὕτω, μὴ μετα-
βάλλον ἐκ ταύτης τῆς ἕξεως; οὐχ οἷόν τε. πᾶν
c ἄρα τὸ τοιοῦτον μεταβολὴν σημαίνει, ὃ ἂν οὕτω
τε καὶ μὴ οὕτως ἔχῃ. πῶς δ᾽ οὔ; μεταβολὴ δὲ
κίνησις, ἢ τί φήσομεν; κίνησις. οὐκοῦν Τὸ Ἕν
ὄν τε καὶ οὐκ ὂν ἐφάνη; ναί. οὕτως ἄρα καὶ οὐχ
οὕτως ἔχον φαίνεται. ἔοικεν. καὶ κινούμενον ἄρα
τὸ οὐκ ὂν ἓν πέφανται, ἐπείπερ καὶ μεταβολὴν ἐκ
τοῦ εἶναι ἐπὶ τὸ μὴ εἶναι ἔχον. κινδυνεύει. ἀλλὰ
μὴν εἰ μηδαμοῦ γέ ἐστι τῶν ὄντων, ὡς οὐκ ἔστιν,
εἴπερ μὴ ἔστιν, οὐδ᾽ ἂν μεθίσταιτό ποθέν ποι. πῶς
γάρ; οὐκ ἄρα τῷ γε μεταβαίνειν κινοῖτ᾽ ἄν. οὐ
d γάρ. οὐδὲ μὴν ἐν τῷ αὐτῷ ἂν στρέφοιτο· ταὐτοῦ
γὰρ οὐδαμοῦ ἅπτεται. ὂν γάρ ἐστι τὸ ταὐτόν· τὸ
δὲ μὴ ὂν ἔν τῳ τῶν ὄντων ἀδύνατον εἶναι. ἀδύνατον
γάρ. οὐκ ἄρα Τὸ Ἕν μὴ ὂν στρέφεσθαι ἂν δύναιτο
ἐν ἐκείνῳ ἐν ᾧ μὴ ἔστιν. οὐ γὰρ οὖν. οὐδὲ μὴν
ἀλλοιοῦταί που Τὸ Ἕν ἑαυτοῦ, οὔτε τὸ ὂν οὔτε τὸ
μὴ ὄν. οὐ γὰρ ἂν ἦν ὁ λόγος ἔτι περὶ Τοῦ Ἑνός,
εἴπερ ἠλλοιοῦτο αὐτὸ ἑαυτοῦ, ἀλλὰ περὶ ἄλλου τινός.
ὀρθῶς. εἰ δὲ μήτ᾽ ἀλλοιοῦται μήτε ἐν ταὐτῷ στρέ-
e φεται μήτε μεταβαίνει, ἆρ᾽ ἄν πῃ ἔτι κινοῖτο; πῶς
γάρ; τό γε μὴν ἀκίνητον ἀνάγκη ἡσυχίαν ἄγειν,

(7) of tran-
sition from
its essence,
Non-exis-
tence, to its
accident,
Existence,
and, there-
fore,

·τὸ δὲ ἡσυχάζον ἑστάναι. ἀνάγκη. Τὸ ῞Εν ἄρα, ὡς ἔοικεν, οὐκ ὂν ἔστηκέ τε καὶ κινεῖται. ἔοικεν.

(8) καὶ μὴν εἴπερ γε κινεῖται, μεγάλη ἀνάγκη αὐτῷ ἀλλοιοῦσθαι. ὅπη γὰρ ἄν τι κινηθῇ, κατὰ τοσοῦτον 163 οὐκέθ᾽ ὡσαύτως ἔχει ὡς εἶχεν, ἀλλ᾽ ἑτέρως. οὕτως. κινούμενον δὴ Τὸ ῞Εν καὶ ἀλλοιοῦται. ναί. καὶ μὴν μηδαμῇ γε κινούμενον οὐδαμῇ ἂν ἀλλοιοῖτο. οὐ γάρ. ᾗ μὲν ἄρα κινεῖται τὸ οὐκ ὂν ἕν, ἀλλοιοῦται· ᾗ δὲ μὴ κινεῖται, οὐκ ἀλλοιοῦται. οὐ γάρ. Τὸ ῞Εν ἄρα μὴ ὂν ἀλλοιοῦταί τε καὶ οὐκ ἀλλοιοῦται. φαίνεται. τὸ δ᾽ ἀλλοιούμενον ἆρ᾽ οὐκ ἀνάγκη γίγνεσθαι μὲν ἕτερον ἢ πρότερον, ἀπόλλυσθαι δὲ ἐκ τῆς προτέρας ἕξεως· τὸ δὲ μὴ ἀλλοιούμενον μήτε b γίγνεσθαι μήτε ἀπόλλυσθαι; ἀνάγκη. καὶ Τὸ ῞Εν ἄρα μὴ ὂν ἀλλοιούμενον μὲν γίγνεταί τε καὶ ἀπόλλυται, μὴ ἀλλοιούμενον δὲ οὔτε γίγνεται οὔτε ἀπόλλυται· καὶ οὕτω Τὸ ῞Εν μὴ ὂν γίγνεταί τε καὶ ἀπόλλυται, καὶ οὔτε γίγνεται οὔτ᾽ ἀπόλλυται. οὐ γὰρ οὖν.

αὖθις δὴ ἐπὶ τὴν ἀρχὴν ἴωμεν πάλιν, ὀψόμενοι εἰ ταὐτὰ ἡμῖν φανεῖται ἅπερ καὶ νῦν, ἢ ἕτερα. ἀλλὰ χρή. οὐκοῦν ἓν εἰ μὴ ἔστι, φαμέν, τί χρὴ c περὶ αὐτοῦ ξυμβαίνειν; ναί.

(1) τὸ δὲ μὴ ἔστιν ὅταν λέγωμεν, ἆρα μή τι ἄλλο σημαίνει ἢ οὐσίας ἀπουσίαν τούτῳ ᾧ ἂν φῶμεν μὴ εἶναι; οὐδὲν ἄλλο. πότερον οὖν, ὅταν φῶμεν μὴ εἶναί τι, πῶς οὐκ εἶναί φαμεν αὐτό, πῶς δὲ εἶναι; ἢ τοῦτο τὸ μὴ ἔστι λεγόμενον ἁπλῶς σημαίνει ὅτι οὐδαμῶς οὐδαμῇ ἔστιν οὐδέ πη μετέχει οὐσίας τό γε μὴ ὄν; ἁπλούστατα μὲν οὖν. οὔτε ἄρα εἶναι δύναιτο ἂν τὸ μὴ ὂν οὔτε ἄλλως οὐδαμῶς οὐσίας μετέχειν. οὐ γάρ. d

(2) τὸ δὲ γίγνεσθαι καὶ τὸ ἀπόλλυσθαι μή τι ἄλλο ᾖ, ἢ τὸ μὲν οὐσίας μεταλαμβάνειν, τὸ δ' ἀπολλύναι οὐσίαν; οὐδὲν ἄλλο. ᾧ δέ γε μηδὲν τούτου μέτεστιν, οὔτ' ἂν λαμβάνοι οὔτ' ἀπολλύοι αὐτό. πῶς γάρ; Τῷ Ἑνὶ ἄρα, ἐπειδὴ οὐδαμῇ ἔστιν, οὔθ' ἑκτέον οὔτε ἀπαλλακτέον οὔτε μεταληπτέον οὐσίας οὐδαμῶς. εἰκός. οὔτ' ἄρ' ἀπόλλυται τὸ μὴ ὂν ἓν οὔτε γίγνεται, ἐπείπερ οὐδαμῇ μετέχει οὐσίας. οὐ φαί-
e νεται. οὐδ' ἄρ' ἀλλοιοῦται οὐδαμῇ· ἤδη γὰρ ἂν γίγνοιτό τε καὶ ἀπολλύοιτο τοῦτο πάσχον. ἀληθῆ. εἰ δὲ μὴ ἀλλοιοῦται, οὐκ ἀνάγκη μηδὲ κινεῖσθαι; ἀνάγκη. οὐδὲ μὴν ἑστάναι φήσομεν τὸ μηδαμοῦ ὄν. τὸ γὰρ ἑστὸς ἐν τῷ αὐτῷ τινὶ δεῖ ἀεὶ εἶναι. τῷ αὐτῷ· πῶς γὰρ οὔ; οὕτω δὴ αὐτὸ μὴ ὂν μήτε ποθ' ἑστάναι μήτε κινεῖσθαι λέγωμεν. μὴ γὰρ οὖν. (3) ἀλλὰ μὴν οὐδ' ἔστι γε αὐτῷ τι τῶν ὄντων. ἤδη γὰρ ἂν του μετέχον ὄντος οὐσίας μετέχοι.
164 δῆλον. οὔτε ἄρα Μέγεθος οὔτε Σμικρότης οὔτε Ἰσότης αὐτῷ ἔστιν. οὐ γάρ. (4) οὐδὲ μὴν Ὁμοιότης γε οὐδὲ Ἑτεροιότης οὔτε πρὸς αὐτὸ οὔτε πρὸς ἄλλα εἴη ἂν αὐτῷ. οὐ φαίνεται. τί δέ; Τἆλλα ἔσθ' ὅπως ἂν εἴη αὐτῷ, εἰ μηδὲν αὐτῷ δεῖ εἶναι; οὐκ ἔστιν. οὔτ' ἄρ' ὅμοια οὔτε ἀνόμοια, οὔτε ταὐτὰ οὔθ' ἕτερά ἐστιν αὐτῷ Τὰ Ἄλλα. οὐ γάρ. (5) τί δέ; τὸ ἐκείνου ἢ τὸ ἐκείνῳ, ἢ τὸ τί, ἢ τὸ τοῦτο ἢ τὸ τούτου, ἢ ἄλλου ἢ ἄλλῳ, ἢ ποτὲ ἢ ἔπειτα ἢ νῦν,
b ἢ ἐπιστήμη ἢ δόξα ἢ αἴσθησις ἢ λόγος ἢ ὄνομα ἢ ἄλλο ὁτιοῦν τῶν ὄντων περὶ τὸ μὴ ὂν ἔσται; οὐκ ἔσται. οὕτω δὴ ἓν οὐκ ὂν οὐκ ἔχει πως οὐδαμῇ. οὔκουν δὴ ἔοικέ γε οὐδαμῇ ἔχειν.

ἔτι δὴ λέγωμεν, ἓν εἰ μὴ ἔστι, Τὰ Ἄλλα τί χρὴ

Marginal notes:

partake of Existence, and, therefore, (2) the non-existent One cannot partake of any mode of Quality in the way of Production, Modification, Rest, or Motion, nor

(3) of any mode of Quantity by way of Equality, Excess, or Defect, nor (4) of their results—Similarity or Diversity—and,

(5) therefore, as a general conclusion the One, as non-existent, cannot exist in any possible way.

(VIII.) The

Eighth Hypothesis: ἓν εἰ μὴ ἔστι = εἰ τὸ ἓν ἔστι μή-ὄν; the effect of the non-exis-tence of the One on Τἆλλα—everything else, i.e., Τἆλλα admits of contrary predicates, but these predicates will be phe-nomenal only.

(1) If the One be non-exis-tent, Τἆλλα, everything else, must be diffe-rent; and (2) if diffe-rent,Τἆλλα must be distinct, and, there-fore,

(3) distinct from some-thing, and, therefore,

(4) distinct inter se in some way or other, since the One does not exist; and, there-fore,

(5) as Unity is non-existent, Τἆλλα can only be distin-guished inter se as

πεπονθέναι. λέγωμεν γάρ. (1) ἀλλὰ μὴν που δεῖ αὐτὰ εἶναι· εἰ γὰρ μηδὲ ἄλλα ἐστίν, οὐκ ἂν περὶ Τῶν Ἄλλων λέγοιτο. οὕτως. (2) εἰ δὲ περὶ Τῶν Ἄλλων ὁ λόγος, Τά γε Ἄλλα ἕτερά ἐστιν. ἢ οὐκ ἐπὶ τῷ αὐτῷ καλεῖς Τό τε Ἄλλο καὶ Τὸ Ἕτερον; c ἔγωγε. ἕτερον δέ γέ πού φαμεν τὸ ἕτερον εἶναι ἑτέρου, καὶ τὸ ἄλλο δὴ ἄλλο εἶναι ἄλλου; ναί. καὶ Τοῖς Ἄλλοις ἄρα, εἰ μέλλει ἄλλα εἶναι, ἔστι τι οὗ ἄλλα ἔσται. ἀνάγκη. (3) τί δὴ οὖν ἂν εἴη; Τοῦ μὲν γὰρ Ἑνὸς οὐκ ἔσται ἄλλα, μὴ ὄντος γε. οὐ γάρ. ἀλλήλων ἄρα ἐστί· τοῦτο γὰρ αὐτοῖς ἔτι λείπεται, ἢ μηδενὸς εἶναι ἄλλοις. ὀρθῶς. (4) κατὰ πλήθη ἄρ᾽ ἕκαστα ἀλλήλων ἄλλα ἐστί. καθ᾽ ἓν γὰρ οὐκ ἂν οἷά τε εἴη, μὴ ὄντος ἑνός· ἀλλ᾽ ἕκαστος, ὡς ἔοικεν, ὁ ὄγκος αὐτῶν ἄπειρός ἐστι πλήθει, κἂν d τὸ σμικρότατον δοκοῦν εἶναι λάβῃ τις, ὥσπερ ὄναρ ἐν ὕπνῳ φαίνεται ἐξαίφνης ἀνθ᾽ ἑνὸς δόξαντος εἶναι πολλὰ καὶ ἀντὶ σμικροτάτου παμμέγεθες πρὸς τὰ κερματιζόμενα ἐξ αὐτοῦ. ὀρθότατα. τοιούτων δὴ ὄγκων ἄλλα ἀλλήλων ἂν εἴη Τἆλλα, εἰ ἑνὸς μὴ ὄντος ἄλλα ἐστίν. κομιδῇ μὲν οὖν. οὐκοῦν πολλοὶ ὄγκοι ἔσονται, εἷς ἕκαστος φαινόμενος, ὢν δὲ οὔ, εἴπερ ἓν μὴ ἔσται; οὕτως. (5) καὶ ἀριθμὸς δὲ εἶναι e αὐτῶν δόξει, εἴπερ καὶ ἓν ἕκαστον, πολλῶν ὄντων. πάνυ γε. καὶ τὰ μὲν δὴ ἄρτια, τὰ δὲ περιττὰ ἐν αὐτοῖς ὄντα οὐκ ἀληθῶς φαίνεται, εἴπερ ἓν μὴ ἔσται. οὐ γὰρ οὖν. (6) καὶ μὴν καὶ σμικρότατόν γε, φαμέν, δόξει ἐν αὐτοῖς ἐνεῖναι· φαίνεται δὲ τοῦτο πολλὰ καὶ μεγάλα πρὸς ἕκαστον τῶν πολλῶν ὡς σμικρῶν ὄντων. πῶς δ᾽ οὔ; καὶ ἴσος μὴν τοῖς 165 πολλοῖς καὶ σμικροῖς ἕκαστος ὄγκος δοξασθήσεται εἶναι. οὐ γὰρ ἂν μετέβαινεν ἐκ μείζονος εἰς ἔλαττον φαινόμενος, πρὶν εἰς τὸ μεταξὺ δόξειν ἐλθεῖν· τοῦτο δ᾽ εἴη ἂν φάντασμα ἰσότητος. εἰκός. οὐκοῦν καὶ πρὸς ἄλλον ὄγκον πέρας ἔχων, αὐτός γε πρὸς αὑτὸν οὔτε ἀρχὴν οὔτε πέρας οὔτε μέσον ἔχων; πῆ δή; ὅτι ἀεὶ αὐτῶν ὅταν τίς τι λάβῃ τῇ διανοίᾳ ὥς τι τούτων ὄν, πρό τε τῆς ἀρχῆς ἄλλη ἀεὶ φαίνεται

b ἀρχή, μετά τε τὴν τελευτὴν ἑτέρα ὑπολειπομένη τελευτή, ἔν τε τῷ μέσῳ ἄλλα μεσαίτερα τοῦ μέσου, σμικρότερα δέ, διὰ τὸ μὴ δύνασθαι ἑνὸς αὐτῶν ἑκάστου λαμβάνεσθαι, ἅτε οὐκ ὄντος τοῦ ἑνός. ἀληθέστατα. θρύπτεσθαι δή, οἶμαι, κερματιζόμενον ἀνάγκη πᾶν τὸ ὄν, ὃ ἄν τις λάβῃ τῇ διανοίᾳ. ὄγκος γάρ που ἄνευ ἑνὸς λαμβάνοιτ᾽ ἄν. πάνυ μὲν οὖν. (7) οὐκοῦν τό γε τοιοῦτον πόρρωθεν μὲν

c ὁρῶντι καὶ ἀμβλὺ ἓν φαίνεσθαι ἀνάγκη, ἐγγύθεν δὲ καὶ ὀξὺ νοοῦντι πλήθει ἄπειρον ἓν ἕκαστον φανῆναι, εἴπερ στέρεται Τοῦ Ἑνὸς μὴ ὄντος; ἀναγκαιότατον μὲν οὖν. οὕτω δὴ ἄπειρά τε καὶ πέρας ἔχοντα καὶ ἓν καὶ πολλὰ ἕκαστα Τἆλλα δεῖ φαίνεσθαι, ἓν εἰ μὴ ἔστιν, ἄλλα δὲ τοῦ ἑνός. δεῖ γάρ. (8) οὐκοῦν καὶ ὅμοιά τε καὶ ἀνόμοια δόξει εἶναι; πῆ δή; οἷον ἐσκιαγραφημένα ἀποστάντι μὲν ἓν πάντα φαινόμενα ταὐτὸν φαίνεσθαι πεπονθέναι

d καὶ ὅμοια εἶναι. πάνυ γε. προσελθόντι δέ γε πολλὰ καὶ ἕτερα καὶ τῷ τοῦ ἑτέρου φαντάσματι ἑτεροῖα καὶ ἀνόμοια ἑαυτοῖς. οὕτως. (9) καὶ ὁμοίους δὴ καὶ ἀνομοίους τοὺς ὄγκους αὐτούς τε ἑαυτοῖς ἀνάγκη φαίνεσθαι καὶ ἀλλήλοις. πάνυ μὲν οὖν. οὐκοῦν καὶ τοὺς αὐτοὺς καὶ ἑτέρους ἀλλήλων, καὶ ἁπτομένους καὶ χωρὶς ἑαυτῶν, καὶ κινουμένους

tence only,
for there is
no unity to
give them
cohesion.

πάσας κινήσεις καὶ ἑστῶτας πάντῃ, καὶ γιγνο-
μένους καὶ ἀπολλυμένους καὶ μηδέτερα, καὶ πάντα
που τὰ τοιαῦτα, ἃ διελθεῖν εὐπετὲς ἤδη ἡμῖν, εἰ e
ἑνὸς μὴ ὄντος πολλὰ ἔστιν. ἀληθέστατα μὲν οὖν.

(IX.) The
Ninth Hy-
pothesis :
ἓν εἰ μὴ
ἔστι = εἰ
Τὸ Ἓν οὗ
π η ο ὐ σ ί α ς
μετέχει;
the effect of
the non-
existence of
Unity on
Τἆλλα,
i. e.,
Τἆλλα
lose their
phenomenal
existence,
and the
result is
absolute
Nothing.
(1) In the
total ab-
sence of
Unity, the
notion of
Unity and
therefore of
Plurality is
impossible,
and, there-
fore,

ἔτι δὴ ἅπαξ ἐλθόντες πάλιν ἐπὶ τὴν ἀρχὴν εἴπω-
μεν, ἓν εἰ μὴ ἔστι, Τἆλλα δὲ Τοῦ Ἑνός, τί χρὴ
εἶναι. εἴπωμεν γὰρ οὖν. (1) οὐκοῦν ἓν μὲν οὐκ
ἔσται Τἆλλα. πῶς γάρ; οὐδὲ μὴν πολλά γε· ἐν
γὰρ πολλοῖς οὖσιν ἐνείη ἂν καὶ ἕν. εἰ γὰρ μηδὲν
αὐτῶν ἐστὶν ἕν, ἅπαντα οὐδέν ἐστιν, ὥστε οὐδ' ἂν
πολλὰ εἴη. ἀληθῆ. μὴ ἐνόντος δὲ ἑνὸς ἐν Τοῖς
Ἄλλοις, οὔτε πολλὰ οὔθ' ἕν ἐστι Τἆλλα. οὐ γάρ.
οὐδέ γε φαίνεται ἓν οὐδὲ πολλά. τί δή; ὅτι Τἆλλα 166
τῶν μὴ ὄντων οὐδενὶ οὐδαμῇ οὐδαμῶς οὐδεμίαν
κοινωνίαν ἔχει, οὐδέ τι τῶν μὴ ὄντων παρὰ Τῶν
Ἄλλων τῷ ἐστιν. οὐδὲν γὰρ μέρος ἐστὶ τοῖς μὴ
οὖσιν. ἀληθῆ. οὐδ' ἄρα δόξα τοῦ μὴ ὄντος παρὰ
Τοῖς Ἄλλοις ἐστὶν οὐδέ τι φάντασμα, οὐδὲ δοξά-
ζεται οὐδαμῇ οὐδαμῶς τὸ μὴ ὂν ὑπὸ Τῶν Ἄλλων.
οὐ γὰρ οὖν. ἓν ἄρα εἰ μὴ ἔστιν, οὐδὲ δοξάζεταί
τι Τῶν Ἄλλων ἓν εἶναι οὐδὲ πολλά· ἄνευ γὰρ ἑνὸς b
πολλὰ δοξάσαι ἀδύνατον. ἀδύνατον γάρ. ἓν ἄρα
εἰ μὴ ἔστι, Τἆλλα οὔτε ἔστιν οὔτε δοξάζεται ἓν
οὐδὲ πολλά. οὐκ ἔοικεν.

(2) of Simi-
larity and
Dissimi-
larity, and
of all other
modes of
Quality
and Quan-
tity which
are based
on Unity.

(2) οὐδ' ἄρα ὅμοια οὐδὲ
ἀνόμοια. οὐ γάρ. οὐδὲ μὴν τὰ αὐτά γε οὐδ' ἕτερα,
οὐδὲ ἁπτόμενα οὐδὲ χωρίς, οὐδὲ ἄλλα ὅσα ἐν τοῖς
πρόσθεν διήλθομεν ὡς φαινόμενα αὐτά, τούτων
οὔτε τι ἔστιν οὔτε φαίνεται Τἆλλα, ἓν εἰ μὴ ἔστιν.
ἀληθῆ. οὐκοῦν καὶ συλλήβδην εἰ εἴποιμεν, ἓν εἰ c
μὴ ἔστιν, οὐδέν ἐστιν, ὀρθῶς ἂν εἴποιμεν; παντά-
πασι μὲν οὖν.

εἰρήσθω τοίνυν τοῦτό τε καὶ ὅτι, ὡς ἔοικεν, Ἓν
εἴτ' ἔστιν εἴτε μὴ ἔστιν, αὐτό τε καὶ Τἆλλα καὶ
πρὸς αὑτὰ καὶ πρὸς ἄλληλα πάντα πάντως ἐστί
τε καὶ οὐκ ἔστι καὶ φαίνεταί τε καὶ οὐ φαίνεται.
ἀληθέστατα.

The sum of the affirmative and negative arguments is: affirmatively, that if the One exists, the One, both in relation to itself and in relation to Τἆλλα, exists in every mode of conditioned existence, and in its opposite, and so, the One is not unconditioned or absolute unity, so far as it exists in these modes : negatively, if the One does not exist, then all existence both in relation to Unity, and in itself, is phenomenal, and this phenomenal existence, when closely scrutinized, is entirely destitute of even phenomenal Unity, and therefore of all categories of Quantity and Quality whatsoever. The conclusion therefore is : the Universe—Τὸ Πᾶν—is neither ἓν alone nor πολλὰ alone, but ἓν-καὶ-πολλά.

NOTES.

NOTES.

———

THE piece is a monologue by Cephalus of Clazomenae. The conversation between the philosophers is supposed to have been originally reported by Pythodorus, a friend of Zeno to Antiphon, half-brother of Plato, and then retailed by Antiphon to Cephalus. Plato, by selecting Antiphon, who is a sporting character, fond of horses (126 c), perhaps wishes to hint that Antiphon has not tampered with the dialogue, ἥκιστα γὰρ ἂν πολυπραγμονοῖ, as he says of Aristotle (137 b), and thus offers it as the exposition of his own views. He may also have wished to compliment his half-brother Antiphon, just as he introduces Glauco and Adimantus in the *Republic*. The monologue is thus, on the face of it, a hearsay of a hearsay. Hermann, to get rid of some chronological difficulties, which are insuperable, makes Glauco and Adimantus cousins, and not brothers, of Antiphon. But it is vain to look for the precision of modern history in an ancient imaginative composition. Such exactness is the result of matter-of-fact habits, and of abundant means of verification, such as books of reference, &c. No such habits or means existed till the other day. A strong proof of this is the inaccuracy of quotation, common to all ancient writers, even professed critics.

126 a.   Κλαζομενῶν.

Stallbaum points out that some people in Clazomenae, townspeople, and perhaps followers of Anaxagoras, would

F

naturally take an interest in the discussion. The influence
of Anaxagoras on Platonic thought is evidenced by the
Phaedo. To Anaxagoras, Mind owes the recognition of
nearly all its metaphysical prerogatives. He set it in a
sphere apart, and assigned to it unique properties. Mind
alone was strictly infinite, *i.e.* unlimited or untrammelled
by anything else, and subsisted by its own inherent strength.
Mind was homogeneous, and was the only real existence.
Plato is fond of putting doctrines which he adopts into the
mouth of a person of the original school. Thus Timæus
expounds physics, and the Eleatic Stranger metaphysics, and
the more practical Socrates ethics.

126 c. Ζήνων καὶ Παρμενίδης.

Parmenides and Zeno are described by Strabo as ἄνδρες
Πυθαγόρειοι, vi. 1. Their connexion with Pythagoreanism is
philosophically real, as one column of the Pythagorean συ-
στοιχία is reducible to τὸ πέρας, and the other to τὸ ἄπειρον.

127 b. Πολὺ γὰρ ἔφη ἔργον εἶναι.

Such a feat of memory, though here a dramatic fiction,
cf. *Symp.* 172 a, is rendered plausible by Niceratus's state-
ment that he could repeat the whole *Iliad* and *Odyssey*: Xen.
Conv. iii. 5. Many rhapsodists could do the same: *ibid.* 6.

127 b. παιδικά.

λέγεσθαι γεγονέναι show that Stallbaum's charitable
explanation is untenable. There is no doubt suggested of
their present friendship: Ζήνων ὅδε οὐ μόνον τῇ ἄλλῃ σου
φιλίᾳ βούλεται ᾠκειῶσθαι ἀλλὰ καὶ τῷ συγγράμματι, 128 a.

127 e. εἰ πολλά ἐστι τὰ ὄντα.

The argument is as follows :—In the order of Time or subjectivity, the perception of difference between two things A and B precedes the perception of their similarity ; but in the order of existence or objectivity, the differentia of each of the differents depends on the individual peculiarities of each different. Each of the relatives thus exhibits Identity in relation to itself, and Difference in relation to the other, and so to all other things. If we assume, then, with Zeno, for argument's sake, τὸ πᾶν—existence—τὰ ὄντα—to be plural, each of τὰ ὄντα is *per se* ὅμοιον ; but the aggregate is plural, and therefore τὰ ὄντα being plural are distinct, and therefore *inter se* ἀνόμοια. Zeno accordingly agrees with Leibnitz as to the identity of indiscernibles, thus : Indiscernibles are identical, and therefore non-plural, since primordial things cannot be differenced *inter se* without having been previously differenced *per se*. The Platonist and Hegelian say Plurality is subsumed by Unity without being destroyed by it. The *Aufhebung* settles everything.

127 e. Τὰ ἀνόμοια.

Stallbaum remarks : Zeno callida conclusione effecit, non esse multa, quum hoc tantum consequatur, non posse huic eidemque rei eadem spectatae ratione plura eaque contraria attribui. To a Greek, the order of Notions would be Motion, Change, Plurality ; Motion denoting not merely physical Motion, ποθέν ποι, but the notional movement of Metaphysics. The identity, in the Hegelian sense, of Cause and Effect, is the notion which brings the scientific order of Time into harmony with the order of Logic.

128 d. εἰ ἕν ἐστι.

Sc. τὸ Πᾶν. This is the Subject of the Proposition, for which Philosophy undertakes to find the Predicate :

τὸ πᾶν is ἕν, said the Eleatic; it is πολλά, said the Ionic: it is ἓν καὶ πολλά, said Plato, and to prove this is the gist of the *Parmenides*.

128 d.   εἰ πολλά ἐστιν : sc. τὸ Πᾶν.

The gist of Zeno's argument has been perpetually mistaken : Zeno does not deny Motion as a fact, but argues that as implying change, and therefore dissimilarity, it conflicts with the changeless uniformity of the One. In the One there is no contrariety, while contrariety is the essence of Motion. It may be remarked that, if Zeno's two moving bodies be made conscious, one will have double the consciousness of the other. The order of analysis is—Motion implies change, and change plurality. (See Appendix A.)

129 d.   ἑπτὰ ἡμῶν ὄντων.

This is irreconcilable with ἀφικέσθαι τόν τε Σωκράτη καὶ ἄλλους τινὰς μετ᾽ αὐτοῦ πολλούς, 127 c. If we leave out Cephalus the reciter and Glaucus, who does not speak, we can count up seven persons, viz., Adimantus and Antiphon in the introduction; Pythodorus, Socrates, Zeno, Parmenides, and Aristotle in the discussion. Ἑπτὰ shows that Plato either forgot the original plan or did not care to adhere to it—another proof of the historical unreality of the piece.

130 b.   Χωρίς.

Χωρίς, a notion derived from physical separation : things are properly χωρίς which are not ἁπτόμενα, and then the word is applied to things which, as existing under totally distinct conditions, differ in kind. It should be recollected that all notions which differ in any degree are metaphysically distinct, e. g. 3 and 4 are as distinct as 3 and 4 millions.

Moderns look principally to the origin or genesis of things and notions in determining their resemblance or difference, and not to their characteristics when matured.

131 d.   τούτου δὲ αὐτοῦ.

With Hermann, I retain the Vulgate τούτου δὲ αὐτοῦ. Heindorf's τούτου δὲ αὐτὸ is plainly wrong. The argument is : If any of us shall have a fragment of smallness, the real smallness will be bigger, because it is the whole, of which the fragment is a part.

131 e.   μεταλαμβάνειν.

μεταλαμβάνειν is a more material expression than μετέχειν. Both, however, express the truth, that the Sensible element, in cognition, without the Intelligible, is inconceivable. Professor Huxley invests Sensation with all the Categories, and then tells us we do not want them. Sensibles have, in Hegel's words, *Richtigkeit*, and not *Wahrheit*.

132 a, b.   *The unique* εἶδος.

This passage gives the reason why the εἶδος is unique :— In referring an object to a class we have two things in hand, the particular instance and the genus, *e.g.* the particular man, Socrates, and the genus man, *i.e.* the first and second intentions. Parmenides argues, that to connect the particular with the genus there must be a third concept or notion, and then another to comprehend the three, and so on to infinity. If this be so, εἶδος is not unique, but ἄπειρον. Now, ἄπειρον denotes privation of all πέρας, Limitation, therefore of Form, therefore of all Cogitability. But every thing must be either ἓν or ἄπειρον, as follows :—In strict logic, the contrary of τὸ ἄπειρον is τὸ πεπερασμένον; but τὸ πεπερασμένον yields on analysis—(1) τὸ πέρας; and (2)

something which is not τὸ πέρας, and so ἄπειρον. What
is τὸ πέρας, when out of any definite relation to τὸ πεπερασ-
μένον? It must be quantifying power, and we must hold
that power to be not plural, but unique ; for plural equipol-
lent powers, if adverse, cancel; and if corroborative, result in
unity. Τὸ πέρας, therefore, must be ἕν, and therefore Τὸ
ʼΕν; for the ultimate Form must be one, and, without τὸ ἕν,
as Plato afterwards proves, οὐδὲ φαίνεταί τι. The εἶδος,
therefore, since it is Form, cannot be ἄπειρον, and therefore
must be one. This is Plato's answer to the objections urged
in *pars.* 7 and 9, and known to Greek Logicians as ὁ τρίτος
ἄνθρωπος. "We may remark," says Mr. Jowett, "that the
process which is thus described has no real existence. The
mind, after having obtained a general idea, does not really
go on to form another which includes that, and all the indi-
viduals contained under it, and another and another without
end," III. p. 237. Plato, in the *Philebus,* gives the rationale
of the Universal. (See Appendix B.)

132 c. *Objection to Conceptualism.*

Either each thing consists of νοήματα, *i. e.* acts of intelli-
gence, and therefore each thing is the being intelligent, *i. e.*
intelligence, or if it be an act of intelligence, it is unintelli-
gent, *q. a. e.* This argument is a case of the Platonic prin-
ciple ὅμοιον ὁμοίῳ γιγνώσκεται. It is substantially the same
as Berkeley's position that mind is mind, that therefore
nothing but mind is mind, and, as a further consequence,
that nothing but mind can have the properties of mind; it
is therefore illogical to ascribe to that which is not mind
the properties of mind. Plato does not hold νοῦς to be the
ultimate existence either in the moral or in the physical
sphere. In the ethical sphere we have Τἀγαθόν, *Rep.* VI.
509 b ; in the physical, ψυχή: Τούτω δέ [*sc.* νοῦς ἐπιστήμη τε]
ἐν ᾧ τῶν ὄντων ἐγγίγνεσθον, ἂν ποτέ τις αὐτὸ ἀλλὸ πλὴν
ψυχήν, πᾶν μᾶλλον ἢ τἀληθὲς ἐρεῖ, *Tim.* 36 c; σοφία

μὴν καὶ νοῦς ἄνευ ψυχῆς οὐκ ἄν ποτε γενοίσθην, *Phil.*
30 c. M. Ribot overlooks Plato when he says, "Since Will
is the centre of ourselves and of all things, we must give
it the first rank. It is its due, though since Anaxagoras
Intelligence has usurped its place" (*La Philosophie de Scho-
penhauer,* p. 69, cited in H. Zimmern's *Sch.* p. 102). The
same doctrine is developed as to the priority of ψυχὴ—
Motive and Vital Energy—in the *Laws,* written in the "sun-
set of life."—x. 891 e, *sqq.*

133 c.

ἀπίθανος = δυσανάπειστος, 135 a.

133 d.   οὕτω and οὕτως.

With regard to the orthography of these words, the
insertion of ς before a vowel is plausible. But we must
recollect that we can prove that τί was not elided, and that
μέχρι and ἄχρι had no ς.

134 c.   *Objection to the Absolute from the subjective side.*

This brings out the true sense of absolute—Τὸ ἀνυπόθετον,
Rep. vi.—that which does not depend on anything else for
its essence, or outcome, or priority—λόγῳ—in order of thought.
Of course, *quâ* γνωστὸν to us, it depends on us; but the Ab-
solute may be and is γνωστὸν to itself. With regard to us,
it is ultimum relatum; with regard to itself, it is not re-
ferred to anything else.

135 a.   *Objection to the Absolute from the objective side.*

This objection is urged by both Hamilton and Mill,
ὄντες ἔχθιστοι τὸ πρίν; but it assumes that because partial
knowledge is not plenary knowledge, they therefore contra-

dict each other. How is the geography of Ireland contra-
dictory to the geography of Europe? Plenary knowledge,
of course, will correct partial knowledge, and may put it in
quite a new light, but the facts on which the partial know-
ledge is grounded cannot be shaken by the fullest knowledge.
Aristotle objects ἀδύνατον χωρὶς εἶναι τὴν οὐσίαν καὶ οὗ ἡ
οὐσία. If χωρὶς means that there is a bridgeless chasm
between the two, the objection holds—not otherwise. Sense
and Intellect are essentially χωρίς, yet every act of Percep-
tion is a blending of both. That the objective sphere, or
Things-in-themselves, is unknown and unknowable to us, is
held by Kant, Herbert Spencer, and Comte. This doctrine
is favoured by the antithesis between phenomenon and reality.
As a matter of fact, the Greek word is in the present parti-
ciple, i. e. φαινόμενον, and meant *that which is in the course of
appearing*, and not φανέν, that which did appear. In a word,
the modern means by φαινόμενον what the Greeks call φάντασ-
μα, a kind of delusive appearance. Carneades distinguishes
the act of perception into three parts—τὸ φανταστόν, the ob-
ject; τὸ φαντασιούμενον, the subject; and φαντασία, the act.
Now Plato's meaning is, that τὰ φαινόμενα, or τὰ γιγνόμενα,
are possible, because they are produced by permanent reality
which is discernible through them. For his conception of
genesis of phenomena, see note 154 c.

137 c–143 a.   Τὸ ἕν.

Τὸ ἕν, all through the first proposition, means pure unity
prior to all evolution. Like Hegel's *Seyn*, it has not been
stripped of attributes, but is prior to all attributes. It is, like
the *Seyn*, a postulate of completed thought.

137 d.   πέρας.

Πέρας is the limit *ab intra*: cf. τελευτή γε καὶ ἀρχὴ πέρας
ἑκάστου: hence, as τὸ ἕν has neither *ab intra*, it is ἄπειρον.

This is taken from Melissus Τὸ δὲ μήτε ἀρχὴν ἔχον μήτε τελευτήν, ἄπειρον τυγχάνει ἔον. Fr. 2. Plato does not discuss the other possibility, argued by Melissus, that ἄπειρον could have limits *ab extra*: for there cannot be more than one τὸ ἕν.

137 e. *Plato's right line.*

This definition is exact: it is obvious there can only be one such line; and, if it is unique, it follows it is the shortest in *rerum natura*. If Helmholtz's reasoning-beings of two dimensions living on the surface of a sphere understood the definition given by Plato, they would see it to be the shortest possible, and that their own geodetic line was not. If they liked to call the latter straight, of course they might; which is as irrelevant as the entire of Helmholtz's argument.

138 c. αὗται γὰρ μόναι κινήσεις.

In the *Laws*—893 b–895—ten modes of motion are specified. Eight of these belong to body: (1), without change of place, *i.e.* on an axis; (2), with change of place—(a), either without change of base, *e.g.* a stone sliding on ice; (β), or with change of base, *e.g.* a ball rolling. The next two are where motion gives rise to—(3), concretion, or (4), decretion. The next two are where concretion is prolonged into (5) growth, or discretion turns into (6) waste. The next is where growth in bulk is prolonged into (7) production of state, and waste into (8) decay. The two movements of mind are (9) to move things other than itself, itself being moved; and (10) to move itself of itself out of a previous state of rest.

The power of transmitting motion as a link in the Chain of Sequence is the only power allowed man by Hume and his followers. The 10th motion includes free-will.

139 b–e.

> *The One has not Identity with itself or anything else that*
> *has distinctness : nor is it distinct from itself or any-*
> *thing else that has distinctness.*

That is, the One, being one and nothing else, admits of
no relation whatsoever; if it did, there would be unity and
relation, something more than unity, and therefore not unity,
q. a. e.

It cannot even possess Distinctness, for Distinctness means
that A is distinct from B, and so B is in turn distinct from
A. If, then, Unity possessed Distinctness, it could only be
distinct by means of Unity and not by means of Distinctness;
but Unity, *ex vi termini*, is not Distinctness. Therefore Τὸ
ʿΕν cannot be distinct in itself. A similar argument was
urged against St. Anselm, that Unity was not Perfection.
The mode of argument is due to the Megarics. The *Auf-*
hebung is the answer.

139 d.   *Source of* τὸ ἕτερον.

I. e. supplying the ellipses εἰ μὴ τούτῳ—τῷ ἓν εἶναι—
ἔσται ἕτερον, οὐχ ἑαυτῷ ἔσται ἕτερον· εἰ δὲ μὴ ἑαυτῷ
ἔσται ἕτερον, οὐδὲ αὐτὸ ἔσται ἕτερον. (See note 127 e.)

141 c.   διαφορότης.

διαφορότης was read by Proclus, T. vi. 237, and is sup-
ported by ποιότης, *Theaetet.* 182 a.

141 e.   γεγόνει.

For γέγονεν, Hermann reads γεγόνει, as γέγονεν has to
be taken in two senses, perfect and past.

141 e. γενηθήσεται.

οὔτ' ἔπειτα γενήσεται οὔτε γενηθήσεται, *will neither come into being, nor be brought into being;* will neither come of itself, nor be brought by anything else.

141 e. *Ambiguity of* ἕν.

Τὸ ἓν οὔτε ἕν ἐστιν οὔτε ἔστιν, *i. e.*, Τὸ ἓν is neither the relation Unity, nor the quality Existence.

142 a. ἢ αὐτῷ ἢ αὐτοῦ.

εἴη ἄν τι ἢ αὐτῷ ἢ αὐτοῦ, *would it have any affection result-ing to it, or proceeding from it:* any income or outcome; *i. e.* either accident or property.

142 a. ὄνομα, λόγος, ἐπιστήμη, κ.τ.λ.

Plato gives the following explanation of these terms :—
ὄνομα = the term.
λόγος = definition.
ἐπιστήμη = ἐν ψυχαῖς ἐνόν, ᾧ δῆλον ἕτερόν τε ὂν αὐτοῦ τοῦ κύκλου τῆς φύσεως τῶν τε λεχθέντων τριῶν, *i.e.* ὄνομα, λόγος, εἴδωλον.—*Epist.* VII. 342–3.

ἐπιστήμη is the psychical aspect of αὐτό, and is a process of intense activity. Plato objects to the sensible figure of the Circle, that it partakes of the Straight, *i.e.* is really a zigzag line. *The Circle* then would be the process of describing it without a sensible line (*Epist.* VII.), and in this way ἐπιστήμη resembles the Kantian schema. The *Epistles* are considered genuine by Cobet and Grote, and are very characteristic. At all events, the passage in the 7th could only have been written by a great metaphysician.

δόξα, ἐκ μνήμης καὶ αἰσθήσεως.—*Phil.* 38 b.

αἴσθησις = τὸ ἐν ἑνὶ πάθει, τὴν ψυχὴν καὶ τὸ σῶμα, κοινῇ γιγνόμενον, κοινῇ καὶ κινεῖσθαι.—*Phil.*, 34 a. This is scientifically true: the sensation lasts only as long as the impressed condition of the nerve is kept up.

142 b–155 e. Τὸ ἕν.

In the second proposition, Τὸ ἓν is in combination with ἔστι. Each element is distinct before combination and in combination; though the combination may and does give rise to new relations.

142 d—e. *Relation of* Τὸ ἓν *and* ὄν.

I. e. τῶν μορίων ἑκάτερον τούτων Τοῦ Ἑνὸς Ὄντος (Τό τε Ἓν καὶ Τὸ Ὄν), ἆρα ἀπολειπέσθον, ἢ Τὸ Ἓν Τοῦ Ὄντος εἶναι μορίου, ἢ Τὸ Ὄν Τοῦ Ἑνὸς εἶναι μορίου; *i. e.* where there is Τὸ Ἕν, Τὸ Ἓν is in combination with Τὸ Ὄν, and Τὸ Ὄν is in combination with Τὸ Ἕν.

εἶναι, c. gen. = *to be a property of:* cf. Ὁ δὲ μὴ ἔστι, τούτῳ τῷ μή-ὄντι εἴη ἄν τι, ἣ αὐτῷ ἢ αὐτοῦ; 141 a. *Can a nonentity have either accident or property?*

142 e. μόριον.

Each one μόριον—either τὸ Ἕν, *or* τὸ Ὄν—of the two μόρια τὸ Ἕν *and* τὸ Ὄν, holds in combination Ἓν and Ὄν, and so on, *ad infin.*

This is strictly true: the universe has unity, and the universe exists; and each of the motes that people the sun's beam has equally existence and unity. One is Form: Existence is Matter, and to show that the One formulates existence into plurality is the aim of the second part of the *Parmenides*.

143 c.–144 a.   *Genesis of Number,* i. e. *a system of Monads.*

There are three συζυγίαι or pairs, viz. :

> οὐσία and ἕτερον ;
> οὐσία and ἕν ;
> ἓν and ἕτερον.

Now every pair is ἄμφω, and therefore δύο ; therefore each member of the pair is ἑκάτερον, and therefore one : so that in each pair we have two members,

$$2.1 = 2,$$

and each member being unified by the index 1, we have three symbols,

$$3.1 = 3.$$

Now where there is Two, we have δὶς ἕν, and where there is Three, we have τρὶς ἕν ; where, therefore, there are three symbols, we have two members

$$(2 \text{ m . } 1 = \text{δὶς ἓν ὄντων}),$$

and where there are two members we have three symbols

$$(3 \text{ symbols . } 1 = 1 \text{ τρὶς ἓν ὄντων}).$$

Three (symbols) therefore must be two (members), and two (members) must be three (symbols).   Therefore ἄρτια (= δύο = δὶς ἕν) = ἀρτιάκις (= δὶς) ἕν : and περιττά (= τρία = τρὶς ἕν) = περιττάκις (= τρὶς) ἕν : and ἄρτια (= δύο, *i. e.* members) = περιττάκις (= τρὶς) ἕν, *i.e.* symbols ; and περιττὰ (= τρία, *i.e.* symbols) = ἀρτιάκις = (δὶς ἓν) members.   From this we have the genesis of every number : for 2 = δὶς ἓν is ἄρτια ἀρτιάκις, that is even numbers even times ; and 3 = τρὶς ἓν is περιττὰ περιττάκις, that is, odd numbers odd times ; and 2 (members) = 3 (symbols) is ἄρτια, even numbers odd times, περιττάκις ; and 3 (symbols) = 2 (members) is περιττά, odd numbers even times, ἀρτιάκις.

143 d.   οὐδὲ μία.

An instance of Plato's habit of using in the ordinary
sense the philosophic word which is under argument: other
examples are noticed in note on 157 d.

143 d.

οὐ τρία γίγνεται τὰ πάντα; i. e. *are there not three distinct
symbols?* lit., *are not the distinct things three?*

143 d.   *Interdependence of 2 and 3.*

Let there be two roots, x and y; let them have a common
index, say *e.gr.* 1 ; and let $x = 1$: then we have x^1, y^1.

We have thus three distinct symbols, x, y, and 1; x and y
denoting the two roots, and 1 the index common to both.
Now, as there are three symbols, the three symbols involve
the index twice; that is, x^1 and y^1; but x as a root = 1, and y
is made one by its index;

$$\therefore x \text{ and } y^1 = 1 + 1 = 2 . 1 = 2.$$

Likewise the two roots x and y, and the identical index 1,
require three symbols for their notation;

$$\therefore x \text{ and } y \text{ and } {}^1 = 1 + 1^1 + {}^1 = 3 . 1 = 3.$$

To apply this:—Whatever admits of the predicate *both*,
admits of the predicate two, and the predicate *two* indicates
that each of the binaries is one. Now *one* as index being
incorporated with each number of each syzygy, each syzygy
involves the index twice;

$$\therefore 2 . 1 = 2,$$

and as each syzygy requires, as we have seen, three symbols
for its notation, each syzygy involves one thrice,

$$\therefore 3 . 1 = 3.$$

Thus, in Aristotelian language, Three is the Form of Two, and Two is the Matter of Three. Hence, we may see why the Pythagoreans made Two the symbol of indefinite existence, for Matter without Form is indefinite; likewise why they made Three the symbol of definite existence. In the order of existence—φύσει—Three is prior to Two, for we require as prerequisites of Three

(1). The radical 1; = 1 ἕν;

(2). The other thing; which = Θάτερον, being unquantified, to be construed to thought requires quantification, and thereto requires

(3). The index 1.

Without these we cannot have Two, for 2 = 1 and 1 = 2 . 1.

143 d-e. *Genesis of all the Numbers from* Τὸ ἓν *and* Τὸ ὄν.

Supplying ellipses—δυοῖν ὄντοιν, οὐκ ἀνάγκη εἶναι καὶ δὶς ἕν; καὶ τριῶν ὄντων εἶναι τρὶς ἕν, εἴπερ ὑπάρχει Τῷ τε Δύο τὸ δὶς-ἕν, καὶ Τῷ Τρία τὸ τρὶς-ἕν; *i.e.*:

$$\text{II.} = 2 . 1, \text{ and III.} = 3 . 1.$$

Then, Δυοῖν δὲ ὄντοιν καὶ δὶς-ἕν, οὐκ ἀνάγκη δύο δὶς εἶναι; *i.e.*

$$x^1 + y^1 = 1^1 + 1^1 = 1 (1^1 + 1^1),$$

but

$$x \text{ and } y = 2, \text{ and the indices } 1 \text{ and } 1 = 2;$$

∴ we have δύο δὶς in the notion II.

So *mut. mut.* of $3 = 1 (1^1 + 1^1 + 1^1) =$

$$1x^1 + 1y^1 + 1 . 1'^1 = 1 + 1 + 1 = 3,$$

but

$$1 + 1 + 1 = 3;$$

and

$$x + y + 1' = 3;$$

and indices

$$^1 + ^1 + ^1 = 3;$$

∴ we have τρία τρὶς in the notion III. That is, each couple is two things; it is also two single things; and the unity of each single thing is a third thing, i. e. *x* and *y* and 1.

In Aristotelian language:—Formed Matter contains (1) Form, and (2) Formless Matter = 1 + 1 = II.; but Formless Matter is incogitable; therefore we have Matter unified by Form. But Form = 1; Matter = 1; and Unification = 1; ∴ 1 + 1 + 1 = 3. The mote in the sunbeam contains three metaphysical elements—(1) that which unifies; (2) that which is unified; and (3) the unification of 1 and 2, *i. e.* III. It is a pity the scholastic distinction between *metaphysical* and *physical* is not kept up. Metaphysical entities were those that could not exist separately, *e.g.* concave and convex : physical, those that could, *i. e.* λόγῳ and φύσει.

143 e.   δὶς ὄντων.

Τριῶν ὄντων καὶ δὶς ὄντων, καὶ δυοῖν ὄντοιν καὶ τρὶς ὄντοιν. Hermann brackets the second ὄντων and ὄντοιν, but they are right, *i. e.* τριῶν ὄντων καὶ δὶς ἓν ὄντων = the symbols are three, and the pairs are two; and δυοῖν ὄντοιν, καὶ τρὶς ὄντοιν = δυοῖν ὄντοιν καὶ τρὶς ἓν ὄντοιν, the pairs are two and the symbols are three. It must be recollected that the Greek arithmetic was originally the geometry of rectangles. In the present case, as usual, in place of our abstract multiplication 3×2 and 2×3, two rectangles are generated. The first has 3 as its base and 2 as its side, and as the base is the more important factor, the plural is used, ὄντων. In the second, 2 is the base and 3 the side; here the base is 2, and is the more important, hence the dual ὄντοιν. The conception is that a rectangle is described on a base, and not on a side. The rectangle 3×2 is quite distinct from the rectangle 2×3.

144 a.

ἀριθμὸς does not mean a single unit, but a collection of units. Thus one is not ἀριθμός, but two is: ἀριθμός ἐστι πλῆθος ὡρισμένον ἢ μονάδων σύστημα ἢ ποσότητος χύμα ἐκ μονάδων συνκείμενον.—*Nic. Ger.* i. vii. 1.

In speaking of Numbers, both the Platonists and the Pythagoreans meant always whole numbers, and not fractions, the unit being the foot, lineal, square, and cubic. The numbers, or rather rectangles, were ἄρτιοι, an even base by an even side; περιττοί, an odd base by an odd side; ἄρτιοι περιττάκις, an even base by an odd side; and περιττοὶ ἀρτιάκις, an odd base by an even side.

144 e.　Τὸ ἓν ὑπὸ τοῦ ὄντος διανενεμημένον.

Justifies ὑπὸ in 166 a.

145 c, d.

A part contains the following notions :—

    1. Its separate existence ;
    2. Its own relation to its fellow parts ;
    3. Its common relation to the whole.

This may be illustrated by a piece of a dissected map. The map is not all the separate pieces one by one—τὰ πάντα—nor any one: yet if any piece did not fit, it would not be in the map when it was put together, τὰ ἅπαντα; but if the piece belong to the map, it must be one of the separate pieces.

Metaphysically, all distinct ideas are equally distinct.

145 c, d.

ἀλλὰ μέντοι τό γε ὅλον αὖ οὐκ ἐν τοῖς μέρεσίν ἐστιν, οὔτε ἐν πᾶσιν οὔτε ἐν τινί. (εἰ γὰρ ἐν πᾶσιν, ἀνάγκη καὶ ἐν ἑνί. ἓν τινι γὰρ ἑνὶ μὴ ὂν οὐκ ἂν ἔτι που δύναιτο ἔν γε ἅπασιν εἶναι.)

G

εἰ δὲ τοῦτο μὲν τὸ ἓν τῶν ἁπάντων ἐστί, τὸ δὲ ὅλον ἐν τούτῳ
ἔνι, πῶς ἔτι ἕν γε τοῖς πᾶσιν ἐνέσται; οὐδαμῶς. οὐδὲ μὴν ἐν
τισὶ τῶν μερῶν. εἰ γὰρ ἐν τισὶ τὸ ὅλον εἴη, τὸ πλέον ἂν ἐν τῷ
ἐλάττονι εἴη, ὅ ἐστιν ἀδύνατον.

The Whole is distinct from the parts; for if the Whole is in
each quaque of the parts, it must be in some one quavis; and if
that particular part contains the Whole, that one part cannot be
one of the parts.

The argument is: if the Whole is in the parts, it is in all,
some, or one; the clause from ἔν τινι to εἶναι is the converse
opposite of the clause εἰ γὰρ ἐν πᾶσιν, ἀνάγκη καὶ ἐν ἑνί.   In
the clause τὸ δὲ ὅλον ἐν τούτῳ [μὴ] ἔνι, Hermann brackets
[μὴ].   I have struck it out, as it spoils the argument, which
is: if the Whole is in each part, it is in some one part.   If so,
the part thus specialised is differentiated from its former
peers, but it is so differentiated by containing the Whole,
not by not containing it.

Hegel says: The relation of the Whole and the parts is
untrue to this extent—that the notion and the reality of the
relation are not in harmony.   The notion of the Whole is to
contain parts; but if the Whole is taken, and made what its
notion implies, i. e., if it is divided, it at once ceases to be a
Whole.—Logic, p. 211.   All through the Parmenides it must
be kept in view, that any two notions in any degree distinct
are totally distinct.   "Each thing," says Butler, "is what
it is, and not another thing."

Τὰ πάντα is the roll or litany of items; ἅπαντα is the sum
total of the same items summed: Τὰ πάντα are the parts of
the sum; ἅπαντα is the sum of the parts.   It is a pity that
modern English has lost its neuter plural and verb singular:
"hot blood begets hot thoughts, and hot thoughts beget hot
deeds, and hot deeds is love."

145 e.   ᾗ μὲν ἄρα τὸ ἓν ὅλον, ἐν ἄλλῳ ἐστίν.

The notion Whole is not the notion Aggregate of items:
cf. ἦ καὶ τὸ ὅλον ἐκ τῶν μερῶν λέγεις γεγονὸς ἕν τι εἶδος ἕτερον

τῶν πάντων μερῶν; ἔγωγε.—*Theaet.* 204 a, b. The order of notions is—(1) τὰ μέρη; (2) τὰ πάντα; (3) τὰ ἄπαντα; (4) τὸ ὅλον; (5) τὸ πᾶν.

145 e.   κινεῖσθαι.

Zeno's contribution to thinking is, the showing that motion is relative to a something which is not moved. This is well brought out in the Flying Arrow, which at any given moment coincides with its equivalent in the space through which it is passing.

146 a.   μηδὲ ἑστάναι, μὴ ἑστὸς δὲ κινεῖσθαι.

By Excluded Middle; if not the one, it must be the other.

146 a, b.   ἕτερον.

Hegel's view, that Otherness is negation, is supported by the history of the particle μὴ. If μὴ is etymologically *ne*, as Curtius mentions, comparing the Lithuanian *nei* (i. 317), *na* in the Vedas very often means *as*, and the order then would be—assertion, comparison, negation : cf. ἀνὰ and ἄλλος, *ib.* 307.

146 a–148 e.

1. Everything possesses Identity, and, in that respect, it resembles primarily everything else.

2. Everything is distinct from everything else, and, in that respect, it differs primarily from everything else.

3. In being distinct, it, *eo ipso*, resembles secondarily everything else; and, therefore,

4. Differs secondarily from everything else by the contrary of diversity—identity.

Hence τὸ ἓν, in possessing either quality, has resemblances, primarily and secondarily, to

(*a*) itself, and to
(*b*) τἄλλα; and,

G 2

in possessing either quality, has diversities primary and secondary to

   (*a*) itself, and to
   (*b*) τἄλλα.

In possessing both, τὸ ἓν

   is primarily like itself and τἄλλα, and
   is primarily unlike itself and τἄλλα.

Nothing can be clearer than that Plato held that there were εἴδη τῶν πρός τι. Idealism is only the development of relations.

The One is identical and diverse to itself, and is identical and diverse to τἄλλα, *i. e.* all ideas or objects of Reason are equally ideas, and therefore distinct: they all agree in distinctness; but, being distinct, they differ; therefore they agree through Difference, they differ through Identity; and as each has both Identity and Diversity together, each agrees with and differs from itself, and each agrees with and differs from τἄλλα. The One agrees with τἄλλα in having both qualities; and the very having both qualities is the essence of its individuality.

148 c.

  The order of notions is—

    (1) ταὐτόν ;
    (2) μὴ ἀλλοῖον ;
    (3) μὴ ἀνομοῖον ;
    (4) ὅμοιον.
    Τὸ ʽΕν is ταὐτὸν Τοῖς ʼΑλλοις ;
    Τὸ ʽΕν is ἕτερον Τῶν ʼΑλλων.

Taking each case separately :—

    (1). Τὸ ʽΕν is like τἄλλα ;
    (2). Τὸ ʽΕν is unlike τἄλλα.

Taking both together—

     Τὸ ʿΕν is both like and unlike τἄλλα;

and so, by parity of reasoning,

     Τὸ ʿΕν is like and unlike itself.

148 d–149 e.

Ancient arithmetic was originally geometrical : hence the notions,

     Whole and Parts :
     Contact.

149 a.

Contact—ἄψις—presupposes—

  1. Something distinct, *e. g.*

        a———b; and

  2. Something else in immediate contiguity to it; *e.g.*

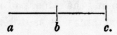

       a   *b*   *c.*

Here *a b* is distinct from *b c*, and *b c* is in immediate contiguity. If to *b c* we add *c d*,

       a   *b*   *c*   *d,*

αὐτὰ μὲν τρία, ἔσται αἱ δὲ ἄψεις δύο. Hence, *ad fin.*, the things, τὰ ἁπτόμενα, are always one in advance of αἱ ἄψεις. Hence, if τἄλλα be totally devoid of unity, junction between τὸ ἓν and τἄλλα is impossible, for τἄλλα must be one, before it can combine with τὸ ἓν to form two.

149 e.

αὐταῖς γε ταύταις ταῖς οὐσίαις, *i. e.* essences, notions, ἰδίαι : cf. *Phaed.* 78 c–d.

    εἴδη, Stall.

150 a. τὰ μεγέθους τε καὶ ἰσότητος, ἀλλὰ μὴ τὰ ἑαυτῆς.

τί τινος = attribute.

150 c–d.

Τὸ Ἕν, quâ Ἕν, is ἓν, and nothing else : τἆλλα quâ ἄλλα, is ἄλλα, and nothing else : τὸ μέγεθος, quâ μέγεθος, is μέγεθος, and nothing else : and ἡ σμικρότης, quâ σμικρότης, is σμικρότης, and nothing else. Τὸ Ἕν therefore cannot be greater than τἆλλα, nor τἆλλα greater than Τὸ Ἕν : in the same way, neither is less than the other : but if neither greater nor less, they are not unequal, and therefore equal.

So it is commonly said, all infinites are equal. Metaphysically, there is only one infinite, that whose essence it is to have no bounds or limit. It is evident there cannot be two of this nature, for each would overlap, and so bound the other. But in mathematical infinites, infinity merely means infinitely divisible or infinitely addible; i. e. a process which may be worked as long as there is anything to work on. The process is always one and the same, and so infinite: the material is always finite, and may be as different as one pleases.

150 d.

ὑπερέχω takes the genitive; therefore the vexed passage in the *Phaedo* runs thus, if the ellipses are supplied—one of the surest ways of construing Plato:—Τοῦ μὲν Σωκράτους (τῷ μεγέθει τῷ αὑτοῦ τοῦ Σωκράτους τὴν σμικρότητα ὑπερέχειν) ὑπερέχων, i. e., τῷ ὑπερέχειν = cause; μεγέθει = instrument; Σωκράτους sub. = gen. on ὑπερέχειν; and τὴν σμικρότητα = acc. *de quo*.

151 a. μηδὲν εἶναι ἐκτὸς τοῦ ἑνός τε καὶ τῶν ἄλλων.

Grote says : " Both these predicates (One—Many) are relative and phenomenal, grounded on the facts and com-

parisons of our own senses and consciousness. We know
nothing of an absolute, continuous, self-existent One."—
Plato, I. 105–6. Here "absolute" is used in the sense of
out of all possible range, a sense popularised by the frivolous
discussions of Hamilton, Mansel, and Mill.

151 d.

The order of notions is—

1. Magnitude;
2. Measure;
3. Parts.

151 d.

" *But that a thing, which bears no relation to any one* (cuivis)
given item, should bear any relation to each (cuique) *of the sum
total of items, to no one of which* (cuiquam) *does it bear any
actual relation either as part or otherwise, is impossible.*"

151 d–e.

Shadworth Hodgson makes similar remarks on the sub-
jective embracing the objective, and *vice versâ, Space and
Time,* pp. 45, *sqq.*

154 c–d.

Τὸ ἕν does not *grow* younger or older than τἄλλα, be-
cause it is so already : it has had so much start, and equals
added to unequals leave the difference absolutely as before ;
but, if we subtract the difference, the residue is always
growing larger, and therefore the difference is growing less
relatively to the residue : *e.g.* A is born a year before B ; thus
A is always a year older than B ; but when A is two years
old the relative difference is greater than when A is ninety.

154 c.

γίγνεται, the emphatic word, is not *growing* or *becoming*, because it *is*.

154 c.

γένεσις is explained in the *Laws* thus : γίγνεται δὴ πάντων γένεσις ἡνίκ᾿ ἄν τι πάθος ᾖ ; δῆλον, ὡς ὁπόταν ἀρχὴ λαβοῦσα αὔξην εἰς τὴν δευτέραν ἔλθῃ μετάβασιν, καὶ ἀπὸ ταύτης εἰς τὴν πλησίον, καὶ μέχρι τριῶν ἐλθοῦσα αἴσθησιν σχῇ τοῖς αἰσθανομένοις, 894 a. The steps are—

        1. αὔξη ;
        2. ἕξις καθεστηκυῖα ;
        3. ἕξις μένουσα.

155 c.

μεταλαμβάνειν differs from μετέχειν : μεταλαμβάνω is to coincide in part with, to have share in ; μετέχειν is to form one with, to unite with ; cf. 158 b.

155 e–157 a.

The One in this hypothesis passes from one state into another, and so do its attributes. The transition takes place through an unextended point : that is, time is cut in two by a timeless point, just as Space is cut in two by a breadthless line. Shadworth Hodgson seems to suppose that Plato held that the point possessed duration. It is well explained by Damascius—ἀμερές ἐστι τῇ ἰδιότητι καὶ διὰ τοῦτο ἄχρονον.

156 a–157.

The notion is, any one state or condition which passes into a different condition has to pass through an intermediate state, in which it is neither what it was nor what it is in course of becoming. Anaxagoras, from whom Plato took much of his Physics, says: οὐ κεχώρισται τὰ ἐν τῷ ἑνὶ κόσμῳ οὐδὲ ἀποκέκοπται πελέκει οὔτε τὸ θερμὸν ἀπὸ τοῦ ψυχροῦ οὔτε τὸ ψυχρὸν ἀπὸ τοῦ θερμοῦ, Fr. 13 *Mullach*. This joined with his doctrine, adopted by Plato, that there is no minimum, οὔτε τοῦ σμικροῦ γέ ἐστι τό γε ἐλάχιστον, ἀλλ᾽ ἔλασσον αἰεί, necessitates the presence of τὸ ἕν in and out of Space and Time.

156 d–e.

ἆρ᾽ οὖν ἐστὶ τὸ ἄτοπον τοῦτο, ἐν ᾧ τότ᾽ ἂν εἴη ὅτε μεταβάλλει; τὸ ποῖον δή; τὸ ἐξαίφνης . . . (see 155 e).

157 b–159 b.

Here Τἄλλα owe their predicates to their participation of τὸ ἕν. *Cetera* and *ceterum* are very inadequate renderings of the Greek neuter plural, Τἄλλα expressing neither unity nor plurality, but food for both.

157 b.

Here we have the full phrase τἄλλα τοῦ ἑνός.

157 c.

The correlatives are ὅλον and μόρια : now τὸ ὅλον = πολλὰ μόρια, therefore any one μόριον is not μόριον of τὰ πολλὰ μόρια, but of τὸ ὅλον. For unless τὸ μόριον—any given part —be part of itself, there must be one part of the lot of which the given Part is not part. Consequently if the given Part be a part of many parts, it must be a part of the parts minus the given Part. But if it be a part of the other parts, it must be a part of every one of the several parts taken by themselves, since *quâ* parts the parts are similar, and therefore must be a part of itself : *q. a. e.* *E. g.* a shilling is part of a pound, but a shilling is not a part of the several shillings which make up the pound. For, if it be a part τῶν πολλῶν shillings, it must be either a part of itself, *q. a. e.*, or of the remaining nineteen shillings. But as the other nineteen shillings, when out of relation to the pound, are nineteen totally independent units, the Part must be a part of them *quâ* units, and therefore of every one of them (since there is no difference between them *quâ* units), and therefore of itself, which is exactly similar to the rest. A Part is correlative to a Whole, but it has no relation whatsoever to any one or all of the other parts, save that of being a fellow-part of the same integer.

In Plato's day, abstract language was taken from Geometry; perhaps *fraction* and *integer* would be better renderings of μόριον and ὅλον. *Mutatis mutandis*, the same reasoning is triumphant against Natural Realism, substituting Quality for Part, and Body for Whole. The Natural Realist makes all qualities, minus one, depend on the residual quality; so that we have either a quality which is more than a quality, or which is not a quality. The same reasoning applies to the Antithesis of Kant's Fourth Antinomy.

157 a.   ἰόν.

Justifies the vulgate in *Phaedr.*, 249 b.

157 b.

The order of notions in the order of analysis is—

1. εἶναι;
2. γίγνεσθαι;
3. συγκρίνεσθαι;
4. ὁμοιοῦσθαι.

Order of genesis *e contra*.

157 c.   μετέχε πη.

The Platonic μέθεξις is best illustrated by the *Concret* of Hegel, *i.e.* where an object or thought is seen and known to be the confluence of several elements—to be a process in its own nature, and not a mere stationary point of view; each object to be equal to itself, multiplied into all other things.— Wallace's *Hegel*, clxxvi. Cicero makes use of the same principle: semper enim ita assumit aliquid (sc. natura) ut ea quae prima dederit, ne deserat.—*De Fin.* IV. 14. It is the ideal side of the doctrine of Development.

157 c.

Here, c—τό γε ὅλον = ἓν ἐκ πολλῶν in d, = ἐξ ἁπάντων ἓν τέλειον γεγονός.

157 d.   ἀδύνατον εἶναι : Sc. ἐστι.

Plato often uses words both in the ordinary and philosophic sense in the same passage: cf. οὐδὲ μία, 143 d : αὐτοῦ Παρμενίδου, 136 d : ἄπειρον, *Phil.* 17 e : συμφέρεσθαι, *Theaet.* 152 e.

157 e.

Τἄλλα participates in Tὸ ῝Εν through τὸ ὅλον; in modern language, through the notion Law, *i.e.* in the scientific meaning of the term, when "we think of the parts as held together by a certain force." This is Hamilton's description of physical unity.—REID, 852.

158 a.   ὃ ἂν ᾖ μόριον ὅλου.

So the MSS., and they are right. The conjecture μορίου ὅλον is a mere truism, for the notion Whole is the correlation

of the notion Part. But μόριον ὅλου is emphatic, that which
is a genuine part, and not a part *per accidens*. A shilling is
$\frac{1}{20}$ of the amount of silver defined to be a legal pound : it is
therefore, *quâ* $\frac{1}{20}$, μόριον ὅλου, because $\frac{1}{20} \times 20 = 1$: whereas
a shilling *quâ* shilling is only one amongst any number of
shillings, and is only $\frac{1}{20}$ of £1, *per accidens*, just as it is $\frac{1}{100}$ of
£5. Each part must be one, because the parts are πολλά.
Cf. οὐδ' ἄρα πολλά ἐστι Τἆλλα. ἐν γὰρ ἂν ἦν ἕκαστον αὐτῶν
μόριον τοῦ ὅλου, εἰ πολλὰ ἦν. 159. Besides, the proposed
change would require τοῦ μορίου τὸ ὅλον.

158 e.

The order of notions is—

               1. ἄπειρα καὶ πεπερασμένα ;
               2. ἐναντία ;
               3. ἀνόμοια.

159 a.   Κατὰ μὲν ἄρα ἑκάτερον.

(1). Τἆλλα *quâ* πεπερασμένα are similar ;
· (2). Τἆλλα *quâ* ἄπειρα are similar ;
(3). Τἆλλα *quâ* πεπερασμένα καὶ ἄπειρα are dissimilar, both
per se and *inter se*.

ἀμφοτέρως, *i. e.* as uniting two opposite predicates, a
double contrariety, ἐναλλάξ,

(1). πεπερασμένα καὶ ἄπειρα.

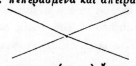

(2). πεπερασμένα καὶ ἄπειρα.

159 b–160 b.

Τἆλλα are capable of no predicates whatsoever, if the One
be one in aloofness. The key to this section is the notion

χωρίς—aloofness—the negation of actual relation. The One is allowed to be, but is relegated to isolation.

160 a.

Illustrates Hypothesis ii., as the order of Number is

ἑνός, δυοῖν, τριῶν, περιττοῦ, ἀρτίου.

The order is objective, φύσει.

160 b–d. τὸ μὴ ὄν.

Negation is considered as relative to knowledge, and thus giving rise to the notion ἕτερον—otherness—distinctness.

160 b.

The order of notions is—

1. γνωστόν;
2. ἕτερον.

The order is subjective.

160 d–163 b.

The One in this section, though non-existent, admits of positive predicates, which are contrary opposites. Here the One is granted what we would call a subjective existence.

160 e.

In scholastic language τὸ μὴ-ὄν has—

1. Illudditas;
2. Quidditas;
3. Hocceitas.

161 b.   εἰ ἑνός.

If Τὸ ῝Εν have unlikeness to one, then the argument will not turn on anything like Τὸ ῞Εν, nor will the hypothesis relate to one, but to something different. That is, Τὸ ῞Εν, the subject of discussion, must have unity for its essence; if not, the hypothesis deals with something else. Mr. Jowett ignores the difference between Τὸ ῝Εν and ἕν.

162 b.

Τὸ μὴ ὂν has οὐσία + μὴ-οὐσία; it therefore involves μεταβολή; and therefore all incompatible predicates. Here we have Hegelianism *in concreto*, as applied to Τὸ ὄν. Mr. Shadworth Hodgson, in his *Philosophy of Reflection*, attacks Hegelianism on the following grounds, which apply equally to Plato's proposition. It must be premised that Mr. Hodgson uses the term *contradictory* to signify, not the opposition of general and particular, but that between a proposition and its negative, *i.e.* difference of quality only: *e.g.* A is A, A is not A; while by a *contrary* he means that the negative particle joins on to the predicate: *e.g.* A is A, A is not-A. To resume, the objection is as follows: " The evolution of the concrete concept is his (Hegel's) fundamental idea; it evolves itself by Entgegensetzung, a concrete opposition containing undistinguished the purely logical opposition of contradistinction, and the opposition of content, which is contrariety. The former gives the motive power, the latter the order and arrangement, of the evolution. Thus the pure Nothing, *Nichts*, at the beginning is logically opposed to the pure Being, *Sein*; hence the *movement* between them. There is no opposition of content, no difference of content at all, between them, until they are conceived *together*; then they are perceived to be different in *content*, but at the same time to be a process, a *Werden*, not (either of them) a state or thing. The Whole makes one undistinguishable process of opposition, a becoming, *Entgegensetzung*, a *Werden*. To analyse

this process, to show what is due to perception, what to con-
ception, what part of the opposition is due to content, and
what to logical contradiction, would be to destroy it as a
theory of the universe."—Vol. I. pp. 384, 5. Again :, "Of
two wholly contradictory terms, the one is thought as exis-
tent, the other as non-existent." "The negative member of
a pair of contradictory terms, which is a pure creature of
logical method, analogous to imaginary quantities in mathe-
matics, is treated by Hegel as if it were a concept with a
perceptual content. The "*Nichts*" at the beginning of the
Logik is the first instance of it."—p. 382.

The question is, What is the value of a creature of logic?
And here comes in the work of Kant. Kant showed that
the intelligible element was indispensable. The universe was
not a lot of separate things, set in an intellectual substratum,
like stars in the heavens. No; the intelligible was required
both for the stars and for the space in which they float. Be
this theory as it may, it was extended by Hegel to the
object; hence, in *rerum natura*, the intelligible element has
more reality than its content, so far as that content is
sensible. But as logic is the explicit statement of the in-
telligible, it follows that the logical form has more *Wahrheit*
than its sensible padding. As to negation, which is the
point of the process, Mr. Hodgson makes it arise from our
fixing our attention on some one in a train of differents
(p. 376). But surely things are different because they are
already differenced, and the logical description of differen-
tiation is Otherness, or Negation. And as before, the
Negation of Logic is more real than the same material of
sensation.

162 a.

I. e. δεῖ αὐτὸ Τὸ μὴ-᾿Ον ἔχειν τὸ εἶναι-μὴ-ὸν δεσμὸν τοῦ μὴ-
εἶναι (εἰ μέλλει μὴ-εἶναι), ὁμοίως ὥσπερ δεῖ Τὸ ᾿Ον ἔχειν
τὸ μὴ εἶναι Τὸ-μὴ-᾿Ον δεσμὸν τοῦ εἶναι, ἵνα τελέως αὖ
εἶναι ᾖ.

I. e. Τὸ μὴ-Ὸν requires as a security for its existence as μὴ-ὂν, that the proposition should be affirmative; *i. e.*

Τὸ μὴ-Ὸν is μὴ-ὂν;

and Τὸ Ὸν requires in the same way that the proposition should be negative; *i. e.*

Τὸ Ὸν is not μὴ-ὂν.

Here Plato apparently regards affirmation and negation as an affection of the copula. The reasoning assumes that *contrariorum eadem scientia.* This is true of reflex, but not of direct consciousness. Of course all Philosophy is reflex.

162 a.

μετέχοντα τὸ μὲν ὂν οὐσίας (μὲν) τοῦ εἶναι-ὂν, μὴ οὐσίας δὲ τοῦ εἶναι-μὴ-ὂν. μὲν is understood after the first οὐσίας by a common ellipse: cf. τὸ δὲ μὴ-ὂν, μὴ οὐσίας μὲν τοῦ εἶναι μὴ-ὂν, οὐσίας δὲ τοῦ εἶναι μὴ-ὂν. For sense see preceding note, *ib.* b.

162 a.

I. e. εἰ γὰρ τὸ μὴ-ὂν μὴ ἔσται μὴ-ὂν (ἀλλὰ ἀνήσει τι τοῦ εἶναι τὸ μὴ-ὂν πρὸς τὸ μὴ εἶναι τὸ-μὴ-ὂν), εὐθὺς τὸ μὴ ὂν ἔσται ὂν.

ἀλλὰ introduces the same proposition in another form, thus:—

εἰ γὰρ τὸ μὴ-ὂν μὴ ἔσται μὴ-ὂν = the non-existent *is* non-existent: an affirmative proposition: ἀλλὰ introduces it in another form: if the non-existent gives up its being non-existent, and becomes not being the non-existent, the negatives are cancelled, and the non-existent exists.

It may be rendered, "if it does allow the affirmative essence of the Copula—the *is*—to merge in the negative essence of the

Predicate—the *is not*—the Copula becomes *is not*, and there-
by cancels the *is-not* of the Predicate."

ἀνήσει is metaphorically the correlative of δεσμός, *infra,*
unless it hold fast by and not let its is *slip into* is-not.

163 b–164 b.

In this proposition, τὸ ἓν is totally deprived of ἔστι, and
the emphasis is on οὐσίας ἀπουσία.

164 a–b.

This conclusion is apparently the same as that of the
First Hypothesis. In reality nothing can be more diverse.
In the former case, The One possesses actually no predicate in
particular, although, as the second proposition shows, it is
capable of combining with all predicates whatsoever. In the
latter case, The One has actually no predicate at all, because
it is incapable of having any.

. 164 b–165 e.

In this proposition οὐσία is taken away from the τὸ ἓν,
and the effect on τἄλλα is considered. The result is φαίνεσ-
θαι, *i.e.* a presented unity in things, somewhat like the Cause
and Substance of Hume, mere fictions. This is the view set
forth by Brown, Lect. V. The emphasis is on φαίνεται.

164 b.

This proposition represents the views held by the majority
of British philosophers and scientific men of the present day.
Unity exists only in the mind; the object, according to cir-
cumstances, is only a majus or a minus in Quantity, Quality,
or Degree.

H

165 e, to end.   δόξα.

In this proposition, οὐσία is totally denied of τὸ ἓν : what amount of οὐσία, then, can τἄλλα retain? None whatever; not even the impression—δόξα—can be produced by Τἄλλα. That is to say, in The non-existence of The One, Τἄλλα cannot produce in us the idea of quasi-unity allowed in the last hypothesis. Real unity being no more, artificial unity is gone too. Hume's quasi-idea is impossible.

166 a.

MSS. ὑπό, rightly. The meaning is, the δόξα τὸ μὴ ὂν is never produced by τἄλλα. ὑπὸ is applied to the action of a notion, διὰ τὸ πεπονθέναι τὸ ὑπ' ἐκείνου, sc., ἑνὸς—πάθος. Soph. 245 d, e. δοξάζω is used passively in this dialogue.

166 c.   ἀληθέστατα.

This is the solemn conclusion, the amen of the exposition. Nothing can be in worse taste than to censure the dialogue as ἄπους. An ethical discourse, which deals with our emotions, may conclude with an allegory; but a discussion like the *Parmenides*, conducted with mathematical formality and colourlessness, would show against the gorgeousness of a Platonic myth, somewhat like the Parthenon in a transformation scene.

APPENDICES.

APPENDIX A.

THE fragments of Zeno, which illustrate the notion Τὰ πολλὰ and its results, are as follows:—

1. εἰ πολλά ἔστιν, ἀνάγκη τοσαῦτα εἶναι ὅσα ἔστι, καὶ οὔτε πλείονα αὐτῶν οὔτε ἐλάττονα. Εἰ δὲ τοσαῦτα ἔστιν ὅσα ἔστι, πεπερασμένα ἂν εἴη. Which conclusion conflicts with Τὸ ἕν.

2. εἰ πολλά ἔστιν, ἄπειρα τὰ ὄντα ἐστίν· ἀεὶ γὰρ ἕτερα μεταξὺ τῶν ὄντων ἐστί, καὶ πάλιν ἐκείνων ἕτερα μεταξύ. Καὶ οὕτως ἄπειρα τὰ ὄντα ἐστί. Which conclusion conflicts with the former, and both with Τὸ ἕν.

3. εἰ πολλά ἔστιν, ἀνάγκη αὐτὰ μικρά τε εἶναι καὶ μεγάλα· μικρὰ μέν, ὥστε μὴ ἔχειν μέγεθος, μεγάλα δὲ ὥστε ἄπειρα εἶναι. Zeno here points out the true objection to the atom and space as metaphysical ultima: the atom is all quality, and space is all quantity.

Zeno's arguments against motion bring the fact, when analysed, into collision with Τὸ ἕν. Thus motion takes place from point to point, therefore within determinate limits: therefore, to make motion rational, intelligible things must be πεπερασμένα: q.a.e. Again, the space between the points is ἄπειρον: q.a.e.

The Flying Arrow is made comprehensible by Mr. Proctor's *Photographs of a Galloping Horse.** At a given moment, the horse is point-blank to the plate. Professor Monck's objection, that the body might move during the breaks,† would have served Zeno, for it would bring out his point that rest is motion and motion rest.

Plato makes much use of Zeno; for Τὸ ὅλον, being ἐν ἐτέρῳ, is on the way to motion.

---

* *Gentleman's Magazine*, December, 1881.
† Monck's *Hamilton*, p. 98.